Tu ne seras jamais libre

questions et réponses sur la non-dualité

Andreas Müller

Impressum

Bibliografische Information der Deutschen Nationalbibliothek: Die Deutsche Nationalbibliothek verzeichnet diese Publikation in der Deutschen Nationalbibliografie; detaillierte bibliografische Daten sind im Internet über www.dnb.de abrufbar.

Présentation de couverture: Levin Sottru

Traduction: Bob Trocmé

Herstellung und Verlag:

BoD – Books on Demand, Norderstedt

ISBN: 9783754306826

"Ne me suivez pas.

Je suis perdu."

U. G. Krishnamurti

Ce livre est composé d'extraits de conversations avec Andreas qui se sont déroulées entre 2017 et 2019.

Ils ont fait l'objet d'un tri assez libre et ne suivent aucun ordre particulier.

Préface du traducteur

Tout ce qui est cher au « chercheur spirituel », sans qu'il en soit toujours conscient, sera confronté dans cet ouvrage radical et s'évanouira peut-être même avec lui. Les mains vides, l'esprit vide, toutes choses apparaissent en plein jour. Ce livre ne promet rien. Ces paroles n'offrent rien au chercheur que vous croyez être, mais en ne vous donnant rien, tout est déjà offert, comme cela l'a toujours été. La « révélation » n'est pas vôtre. Vous ne pouvez ni chercher à l'atteindre, ni espérer la trouver. Vous ne pouvez, ni la voir, ni vous y tenir. Ce qui est révélé, c'est simplement « ceci », tel que cela apparaît, être assis sur le canapé à lire ces mots… Que vous croyiez comprendre ces paroles ou non est merveilleusement indifférent. C'est comme c'est, tout simplement, inatteignable, inévitable, libre de toute compréhension.

Avec amour et gratitude,
Bob Trocmé

Avant-propos

La vie la plus ordinaire n'est pas encombrée par les attentes et les préoccupations personnelles. Il n'y a pas de personne.
L'idée que vous puissiez devenir quelque chose de mieux ou même que vous puissiez perdre quelque chose fait partie d'une illusion : l'illusion d'être « moi ». Dès le départ, il n'y a rien de tel. Souvenez-vous : je n'enseigne rien.
Il n'y a personne.

Quoi?

Q: Quel est votre enseignement?

A: Je n'enseigne rien. Tout est déjà parfait. Il n'y a donc rien à transmettre.

Q: Comment puis-je voir cela?

A: Eh bien, vous ne pourrez jamais le voir. Quand vous dites « Comment puis-je voir cela? » vous vous référez à une vision qui viendrait s'ajouter à la vision ordinaire. Mais la perfection ne peut être vue, pas plus qu'elle n'a besoin d'être vue. Elle est, tout simplement. Le moi apparent n'est jamais intéressé par la perfection, ce qui l'intéresse c'est de la voir. C'est précisément ce « moi » qui cherche à voir qui est illusoire et sa vision est tout aussi illusoire.

Q: Voyez-vous cette perfection?

A: Non, je ne la vois pas. Il n'y a pas de « Je » qui pense que je devrais ou que je pourrais même le faire. Étonnamment, la perfection n'a pas besoin de se voir elle-même pour être. Elle est naturellement ce qui est, tout simplement.

Q: Mais quelle est sa valeur si je ne peux en faire l'expérience?

A: Oh, elle n'a aucune valeur. Elle n'est pas quelque chose que vous puissiez vous approprier, quelque chose que vous puissiez utiliser. Elle est tout simplement ce que vous êtes.

Q: Ce que je suis? Vous voulez dire présence consciente?

A: Oh, non, il n'y a pas d'expérience de ce que vous êtes ou de qui vous êtes. Tout ce qu'il y a, c'est ce que vous êtes, mais pas pour quelqu'un. Être conscient, c'est encore une expérience. Il n'y a personne qui puisse avoir une experience de « ce qui est ». « Ce qui est », c'est tout ce qu'il y a.

Unio mystica

Q: Pensez-vous que la libération soit « l'unio mystica »?

A: L'union mystique dont nous parlons n'est pas une expérience. Ce n'est ni une vision intérieure, ni une connaissance. C'est la dissolution de la réalité sujet-objet, ou plutôt la dissolution de la trinité du sujet qui a une expérience, de ce qui est vécu comme objet de l'expérience et du processus de l'expérience même dans l'inconnaissance, ce rien dont on ne peut dire qu'il soit quelque chose.

Q: Qu'est-ce que l'inconnaissance?

A: En réalité, ce n'est pas seulement ne rien connaître. L'inconnaissance vient de ce qui n'est l'objet d'aucune expérience. Quand je parle d'inconnaissance, je ne me réfère pas à un état intérieur où la personne ne serait pas attentive aux pensées, à cet état diffus du « Je suis sans pensées... ». Inconnaissance signifie être sans expérience. On ne peut rien connaître, parce qu'il n'y a aucune expérience de quoi que ce soit.

Q: Et c'est cela « l'unio mystica »?

A: On peut le dire ainsi. Ce qui est intéressant, c'est qu'il n'y a en réalité rien de tel. La séparation est une illusion et il n'y a donc pas de retour vers ou de fusion avec rien. Ce n'est pas quelque chose qui arrivera un jour. En fait, cela ne se produit pas.

Q: Cela ne se produira pas?

A: Non, cela n'arrive tout simplement pas. Toute cette idée de « l'union avec Dieu » est basée sur le présupposé qu'il y a une entité séparée. Pourtant, il n'y a rien de tel. Il y a déjà et seulement union. Vous savez, l'expérience de soi n'est pas réelle. Aussi, l'idée d'une expérience à venir n'est-elle rien de plus qu'une projection née de l'illusion de l'expérience présente. Il n'y a pas d'expérience maintenant et il n'y aura jamais aucune expérience. Le « moi » présume que la libération est une expérience continue dans laquelle il reconnaît et ressent que tout est bien, ou plutôt que tout va super bien! Cette expérience ininterrompue n'existe tout simplement pas.

Q: Mais il y a des expériences du « bien-être absolu ».

A: Oui, mais ce sont toujours et encore des expériences et en réalité elles ne nous satisfont pas. Jamais elles ne comblent la soif de l'union mystique. Rien n'est unifié dans ce type d'expérience. Ce n'est jamais qu'une expérience de plus.

Q: Hum. Mais peut-être qu'elle perdurera un jour.

A: Oui, c'est bien là ce que l'on espère…

Bien-être

Q: Que voulez-vous dire quand vous dîtes qu'il n'y a pas de servitude?

A: La servitude et la libération font toutes deux parties d'un rêve, le rêve d'être une chose séparée qui est aussi présence. Cette « chose » vit dans une apparente expérience de soi-même, qui est accompagnée d'un sentiment d'inassouvissement et d'un désir d'y remédier. C'est cela la servitude. La libération, c'est ou bien l'idée d'en finir avec cette servitude ou bien, comme dans l'usage que j'en fais parfois, l'apparente dissolution de cette configuration personnelle et, avec elle, des éléments qui la composent. Du point de vue de la personne, il est présumé que la libération advient lorsque la quête débouche sur quelque chose et que la personne fait l'expérience de la plénitude. La personne veut soit se libérer de sa quête, soit se débarrasser d'elle-même pour atteindre un état de libération dont elle présume qu'il existe, lui aussi, dans le temps et dans l'espace. Pourtant, comme je ne cesse de le dire, il n'y a pas de personne dès le départ. S'il n'y a personne, il n'y a pas non plus quelqu'un qui soit emprisonné par ce qui lui arrive, ni quelqu'un qui doive s'en libérer. Les concepts de libération et de servitude appartiennent au rêve. Vous n'avez ni à vous évader de « ce qui est », ni à le subir. C'est vraiment très simple.

Q: Je ne pense pas que ce soit simple. Pour moi, tout cela paraît très difficile. En fait, je me débats avec cette difficulté depuis de nombreuses années.

A: Oui, vous avez raison, le « Je » se débat avec cela. C'est simple parce qu'il en est déjà ainsi, et pourtant, c'est impossible à faire. Comprenez-moi bien, ce n'est pas difficile, c'est impossible! C'est impossible parce que c'est déjà complet en soi au sens où c'est pleinement soi-même. Toute expérience de plénitude surajoutée fait partie du rêve. Toute expérience est illusoire. « Ce qui est » est déjà naturellement complet, quel qu'en soit l'apparence ou le ressenti. Et quand je parle de « ce qui est », je ne me réfère pas à quelque chose d'abstrait. Je parle de ceci: cette pièce, vous, les sentiments, la respiration, l'atmosphère. Tout cela est naturellement complet et n'a aucunement besoin d'un état artificiel de paix ou de plénitude qui viendrait s'y ajouter. « Bien-être », pourrait-on dire, c'est la réalité naturelle. En étant tout simplement ce qu'elles sont, toutes choses sont totalement et absolument bien en elle-même.

Q: Même la douleur?

A: Même la douleur, bien sûr! Avez-vous déjà entendu la douleur se plaindre d'elle-même? Avez-vous déjà entendu un sentiment se plaindre de son existence? Avez-vous déjà entendu un sentiment de plénitude s'exalter lui-même? Non, c'est simplement ce qu'il arrive en apparence. La souffrance apparente advient quand quelqu'un fait l'expérience de la douleur ou de la souffrance. Cette personne vit dans l'illusion qu'elle souffre de la douleur, alors qu'il y a tout simplement douleur. Fort heureusement, il n'y a personne. Il n'y a personne qui soit en enfer et personne qui soit au paradis. C'est cela la liberté.

Q: La souffrance est une illusion alors?

A: Eh bien, la douleur c'est ce qui arrive en apparence, mais celui qui croit souffrir est illusoire. Personne ne souffre de rien. Pourtant des sentiments que le « moi » considère comme étant sa souffrance peuvent apparemment se produire.

Q: Et alors? Que faites-vous quand il y a douleur? Vous restez assis en silence ou quoi?

A: Non, je ne reste pas assis en silence, encore qu'il soit possible que cela arrive. Je ne sais pas. Quelque chose apparemment se produit. Prendre un médicament peut-être.

Q: Mais vous venez de dire que la douleur c'est « cela-même ». Pourquoi alors prendre un médicament?

A: « Je » ne prends pas un médicament, mais la prise de médicament peut apparemment se produire. Et comme je le disais, il n'y a personne qui doive supporter ou accepter la douleur. Vous présumez que ce message exprime un point de vue personnel. Je ne dis pas que la douleur soit « cela-même » d'un point de vue personnel et que je puisse y réagir en conscience en fonction de mon degré d'acceptation. La douleur, tout comme ma réaction à la douleur, c'est ce qui advient en apparence. Il n'y a personne qui vive dans l'illusion

8

de faire quoi que ce soit.

Q: Mais cette illusion est-ce un mal?

A: Non, ce n'est pas mauvais en soi. C'est simplement ce qu'il se passe en apparence. Ce n'est ni bien, ni mal. C'est « cela-même » et à cela rien ne manque, au même titre que pour quoi que ce soit d'autre.

Q: Mais pourquoi travaillons-nous si dur pour nous en défaire?

A: Je ne sais pas. Il n'y a pas d'illusion de toute façon, alors travailler à se défaire de l'illusion fait partie de l'illusion. Ce qui est un dans l'indivis n'a que faire de l'illusion et ne sait rien de l'illusion.

Q: Mais ne parlons-nous pas en ce moment pour nous en débarrasser?

A: Non, ce n'est pas le cas. Ceci n'est pas un enseignement. Il n'y a aucune intention, du moins de mon côté. Cette conversation n'a pas pour objectif d'arriver quelque part. En ce sens, le « moi » travaille à résoudre un problème illusoire. Il n'y a ni « moi », ni illusion du « moi ». Il n'y a que ce qu'il se passe en apparence, « ceci », et en même temps ceci est inconnaissable. Pourtant, ceci est pleinement satisfait d'être « cela-même ». Toutes les plaintes proviennent du « moi » illusoire, mais cela aussi est pleinement satisfait d'être « cela-même ». Le « moi » ne nuit à personne et il n'y a personne qui soit même conscient de son existence.

Q: Hum. Mais alors toute ma quête était vraiment futile.

A: Oui, il n'y a vraiment rien à saisir. Toute cette configuration de l'expérience n'existe pas. Le premier élément de cette configuration – vous – recherchant quelque chose dans le deuxième élément – ce dont vous faites l'expérience – est une

« réalité rêvée ». Et tous les résultats de votre quête font également partie du rêve. Il n'y a aucun accomplissement de soi à trouver là-dedans.

Q: Mais où puis-je trouver la plénitude alors?

A: Nulle part! Vous ne pouvez trouver la plénitude. En fait, la plénitude, ça n'existe pas. Ce que vous cherchez c'est une expérience de plénitude. Ce que vous cherchez c'est la conscience de la plénitude, et c'est cela, précisément, qui n'existe pas. Le moi apparent croit que la libération provient du remplacement de l'expérience d'insatisfaction et de la quête par une expérience de plénitude dans le sentiment d'avoir enfin trouvé. Il pense que l'expérience de la présence sera remplacée par une expérience d'absence. Mais dans la libération, c'est toute cette configuration de l'expérience qui s'avère inexistante, et elle n'est remplacée par rien. Ce qui demeure est déjà naturellement complet sans pour autant qu'il soit besoin d'en avoir l'expérience. Dans la perspective du moi apparent, cela ne peut être compris bien sûr. Tout ce que le « moi » connaît – et tout ce en quoi il existe – c'est le sentiment de vivre l'expérience. Et tout ce vers quoi il tend, c'est cette substitution. Il n'y a pourtant rien à voir, rien à remplacer et rien dont le « moi » doive faire l'expérience. Ce sentiment intérieur, « Je dois trouver », n'est qu'une illusion qui signale l'irréalité du « moi ». Il n'y a rien qui puisse ou qui doive être trouvé.

Q: Je sais déjà tout cela, vous ne cessez de le répéter.

A: Oui, et en quoi cela vous aide-t-il?

Q: En rien, en fait.

A: Oui, exactement. C'est encore « vous » qui savez quelque chose. Et pourtant il n'y a pas de « vous » au départ.

Q: Hum.

A: Oui.

Q: Pouvez-vous tout de même dire quelque chose sur cet accomplissement de soi?

A: Comme je l'ai dit, ce qui est, ou ce qui arrive en apparence, est naturellement complet au sens où il ne lui manque rien. Cela est inconnaissable, mais en étant ainsi, c'est précisément ce que c'est. Nous ne nous référons pas à une super-réalité englobant ou pénétrant secrètement toutes choses. Ceci n'est caché nulle part, c'est « cela-même », sans réalité seconde, sans méta-réalité. C'est complètement offert et comme étalé au grand jour. Ce n'est pas un secret qu'il nous faudrait découvrir; c'est un secret ouvert.

Q: Ramana dit : le connaître c'est l'être. Cela correspond-il à ce que vous dîtes?

A: Eh bien, cela pourrait être la même chose. Vous ne pouvez pas le connaître ou plutôt en faire l'expérience car vous êtes cela naturellement. Et pourtant, le chercheur transformera probablement « être cela-même » en quelque chose qu'il devra faire consciemment. « Être cela-même », c'est la réalité naturelle, ou plutôt, tout est déjà « cela ». Pour le chercheur « être cela-même » signifie « devenir cela et en faire l'expérience ». « Être cela-même », c'est apparemment différent d'être seulement « ceci ». Vous êtes bien « ceci », mais sans en avoir l'expérience.

Qu'est-ce que le « moi »?

Q: Qu'est-ce que le « moi » en fait?

A: Il n'y a pas de réponse à cette question, tout simplement parce qu'il n'y de « moi » nulle part. Nous parlons donc d'une illusion. Il n'y a pas de « moi », pas d'âme, pas de présence, pas de conscience d'être conscient, pas de conscience de soi. N'est-ce pas intéressant?

Q: Mais pourquoi tant de « maîtres », de religions et de traditions mettent-elles l'accent sur la conscience?

A: Oh, simplement parce que ce sont des enseignements personnels. Tout ce que fait la personne, c'est exalter sa propre existence. Le « moi » n'a rien d'autre que cette existence – c'est en cela qu'il consiste. Et cette existence a précisément besoin d'être gonflée artificiellement avec sens et grandeur pour avoir une valeur. Tout ce que le « moi » connaît c'est le « moi », il doit donc être Dieu (rires). Quelle arrogance! Une arrogance apparente, bien sûr.

Q: Ouah, c'est incroyable!

A: Ce qui rend ces enseignements attirants, c'est qu'ils s'adressent directement et constamment à la personne. C'est ce que veut la personne au départ: être vue, être reconnue comme étant présente, comme existence, c'est cela qui lui plaît. Ce n'est donc jamais qu'une autre méthode pour confirmer sa propre existence. Toute cette focalisation sur la conscience se réfère d'ailleurs à un autre état qui peut apparemment être vérifié par investigation personnelle et expérience. Le « moi » se met en quête pour découvrir qu'il est pure conscience ou conscience d'être conscient, ou quelque chose comme ça – ou pour le moins qu'il est une chose qui est, quelque chose qui existe d'une manière ou d'une autre. « Être conscient d'être conscient » est un autre leitmotiv de ce genre, une autre approche, une autre promesse. Les enseignements personnels proposent un état qui porte en lui la promesse du salut et de la plénitude. Il faut apprendre à atteindre cet état pour le connaître. « Se connaître soi-même comme conscience » est un de ces états par exemple. Ce qui est étonnant et amusant au fond, c'est que tout cela est parfaitement illusoire. Tous ces états et toutes ces expériences n'ont aucune réalité. C'est une « réalité rêvée », rêvée par personne et sans aucune substance.

Q: N'a-t-elle pas au moins la réalité d'un rêve?

A: Eh bien, non. « Il n'y a pas de moi » signifie très exactement que le « moi » n'existe pas en réalité. S'il n'y a pas de « moi », il n'y a pas non plus de rêve du « moi ». Présumer qu'il y a un rêve qui pourrait prendre fin fait déjà partie du rêve. Il n'y a ni aveuglement, ni rêve dont on puisse se réveiller. Tout cela c'est du rêve, du blabla spirituel.

Q: Mais comment se fait-il que j'aie le sentiment bien réel d'être « moi »?

A: Si le sentiment d'être « moi » est ce qui est éprouvé là, alors c'est inévitable. C'est ce qu'il se passe apparemment, et c'est la réalité pourrait-on dire bien qu'il n'y ait personne.

Q: Mais comment puis-je comprendre cela? Comment puis-je voir que je ne suis pas réel?

A: Vous ne pouvez ni comprendre, ni voir cela, pour la bonne raison qu'il n'y a pas de « vous ». Qui pourrait le faire? Il n'y a personne.

Q: Oui, mais parfois il semble que je vois qu'il n'y a pas de « moi ».

A: Oui, mais à quoi cela vous sert-il? Il y a toujours quelqu'un qui voit quelque chose. C'est toujours la conscience qui est consciente de quelque circonstance. Pourtant il n'y a ni « moi », ni vision, ni circonstances réelles. C'est toujours et encore une tentative de voir, d'être conscient de quelque chose. Et cela, c'est le rêve, précisément.

Q: Hum... et moi qui croyais que je progressais.

A: Oui, exactement. Vous aviez le sentiment de progresser. Quelle blague... (rires). C'est pour cela que je réfère la libération à la mort. La libération, ce n'est ni progresser vers quelque chose, ni voir ou comprendre quelque chose. Ce n'est ni devenir, ni être conscient de quelque chose, quoique cela puisse être. C'est simplement la disparition soudaine de l'expérience illusoire d'être ce quelque chose qui fait l'expérience de la présence. Il n'y a ni vision préalable, ni quelqu'autre prérequis qui soit nécessaire. C'est simplement mourir sans raison, sans avoir atteint un état particulier et sans avoir obtenu de réponses à nos questions. La libération n'est jamais que la fin du sentiment de présence, sans raison.

Q: Ouf! C'est fort ce que vous dites!

A: Oui, c'est tellement différent de ce que le moi apparent imagine. Il y a toutes ces idées de buts élevés, de saintes aspirations et le rêve d'un état de béatitude et de grandeur. Et puis, tout à coup, tout ce qu'il reste c'est « ceci ». Ce qui demeure, c'est être assis dans cette pièce, être moi, être vous, ces pensées, ces sentiments. Et c'est cela la véritable surprise: dans la mort, il ne se passe rien. En mourant, rien ne meurt, rien ne change, rien ne devient autre chose. C'est « cela-même » tout simplement, mais pour personne. Il n'y a ni découverte, ni arrivée à destination, ni réalisation, ni mort. Il n'y a aucune expérience de quelque chose parvenant à son terme. Toute l'expérience de présence – moi, ma vie – s'avère illusoire. Jamais, cela n'a existé. Jamais, « je » ne suis advenu. Rien ne naît, ni ne meurt. Il n'y a rien même qui soit là. Et ce qu'il reste c'est « cela-même », ce qu'il arrive en apparence, pour personne.

Q: Mais qu'est-ce donc que « cela-même »? Y a-t-il une illusion en ce moment ou pas? Qui sait tout cela?

A: Personne ne sait cela. Qui pourrait le savoir? Qui peut même faire l'expérience de quoi que ce soit en premier lieu? « Cela-même » ne peut être connu car cela ne fait l'objet d'aucune expérience. Ce n'est même pas une chose dont on puisse dire qu'elle est. On peut dire que c'est une non-chose (no-thing) pour personne.

Q: Mais alors, il n'y a rien que l'on puisse connaître en réalité.

A: Exactement! Mais pas parce qu'il y a quelque chose qui ne puisse être connu, mais parce qu'il n'y a pas de choses qui soit là au départ. Toute connaissance vient de la conscience de soi artificielle qui, faisant l'expérience de soi, fait simultanément l'expérience de tout ce qui est autre que soi comme étant réel. Sans cette différence qui pourrait faire l'expérience de quoi que ce soit?

Q. Ouah! Maintenant je vois que c'est bien la mort dont vous parlez.

A: Oui, du point de vue du « moi », c'est bien la mort. C'est la fin de toute connaissance, ou plutôt c'est la fin de l'illusion de la connaissance parce que c'est la fin de l'illusion de l'expérience, la fin de l'illusion de la présence consciente. « Ceci, être assis dans cette pièce, être vous, être moi », c'est l'inconnaissable. Toute chose est simplement elle-même, sans expérience surajoutée de soi-même.

Q: Mais l'expérience surajoutée n'est-elle pas aussi elle-même?

A: Oui, bien sûr. L'illusion d'une expérience surajoutée est, elle aussi, parfaitement elle-même. Mais, encore une fois, pour personne. L'illusion d'une expérience surajoutée n'est pas plus l'objet d'une expérience et pas plus surajoutée que quoi que ce soit d'autre.

Réalisation additionnelle

A: Il n'y a pas de réalisation additionnelle à ce qu'il se passe en apparence. Il n'y a ni expérience intérieure, ni présence consciente, ni but qui soit atteint. Il n'y a pas non plus cet amour englobant toutes choses que vous puissiez consciemment devenir. Toute la configuration de l'expérience n'existe tout simplement pas. Et la conscience de soi, en ce sens, n'est rien qu'une illusion. Il n'y a pas de soi qui soit conscient.

Q: *Ne diriez-vous pas qu'il y a conscience?*

A: Il y a bien une conscience apparente. Pourtant il n'y a rien qui soit conscient d'être conscience. On peut dire à cet égard que la fonction apparente de la conscience c'est la complétude de de ce qui arrive comme telle, mais il n'y a pas de conscience de soi faisant l'expérience de soi comme quelque chose qui soit conscient.

Q: *N'êtes-vous pas conscient maintenant?*

A: Qui pourrait le savoir, ou plutôt qui peut faire l'expérience de soi-même comme être conscient? Il n'y a personne.

Q: *Pourtant, ne diriez-vous pas qu'il y a présence consciente?*

A: Eh bien, dans l'histoire, on pourrait dire qu'il y a présence consciente en apparence. Pourtant cette conscience n'a pas de signification, pas plus qu'elle n'est ce que je suis. C'est l'arrogance de la conscience de soi de se glorifier ainsi pour se donner de l'importance. Pourtant, tout le monde s'en fiche. La conscience de soi n'a d'importance que dans et pour son existence auto-proclamée. C'est pourquoi il est préférable de parler d'une « illusion d'importance ».

Q: D'accord... mais il y a tant de « maîtres » qui parlent de la conscience ou de la conscience de soi comme étant « la chose-même »? Il semble que pour eux ce soit la chose la plus élevée.

A: Bien sûr, vu de la perspective du moi apparent, « moi », « ma présence consciente », c'est la chose la plus importante. Et cela est reflété dans tout enseignement personnel bien évidemment.

Q: Diriez-vous alors que ce sont tous des enseignements personnels?

A: C'est du moins mon impression. Et si vous regardez de plus près, vous verrez que la plupart de ces enseignements se réfèrent à une expérience de présence. Mais voyez-vous, le « moi » réalisant qu'il est pure conscience, c'est toujours et encore le « moi ». En un sens, il a raison, pourtant ce qui demeure à la fin, c'est l'affirmation « Tout est conscience », ce qui revient à dire « Je suis toutes choses ». C'est merveilleusement personnel et merveilleusement arrogant, mais ce n'est jamais que le reflet de l'expérience personnelle.

Q: Mais ils pensent qu'ils ont trouvé la réponse. Et la plupart d'entre eux semblent plutôt heureux.

A: Tant que cette croyance fonctionne et tant que la méthode qui consiste à revenir, encore et encore, à la pure conscience fonctionne, la personne se sent merveilleusement bien. C'est comme de parvenir toujours à destination sur le chemin. Cela n'est pourtant ni libre, ni sans effort.

Q: Mais certains disent que c'est sans effort.

A: Ils disent cela sachant que vous êtes déjà conscience et qu'il n'y a pas d'effort à faire pour être ce que vous êtes. Cela est vrai en un sens, pourtant il reste l'effort de revenir à soi-même, d'y ramener encore et encore votre attention pour ne pas vous écarter de ce que vous êtes, et de tout ce qui vient avec. L'expérience de la « pure présence » ne saurait vous combler; elle n'est qu'une expérience transitoire de plus. Parvenu là, la recherche reprend fatalement car l'attention se déplace tout naturellement ailleurs. Il s'agit finalement d'une démarche personnelle et elle n'est pas du tout sans effort. Le « moi » se prend à son jeu. Il y a toujours le sentiment d'un quelque chose que vous êtes par contraste avec les choses que vous n'êtes pas. Et il y a aussi le sentiment que vous pouvez et que vous devez même consciemment créer de meilleures circonstances pour savoir qui vous êtes véritablement dans le cas présent.

Q: Hum. En quoi cela est-il attrayant?

A: C'est attrayant parce qu'il y a la promesse de l'ultime évasion et aussi parce que vous pouvez en faire l'expérience. Vu de la perspective du « moi », c'est indiscutablement une expérience. Ce que je veux dire, c'est que l'expérience de la présence comme telle ne peut être remise en cause par elle-même. La présence peut seulement se remettre en cause comme idée, comme une question philosophique intéressante, jamais comme expérience. Vu par le « moi », se réaliser comme pure présence c'est le bout du chemin. Il ne peut aller plus profondément.

Q: Est-il possible « d'aller plus profond »?

A: Oui et non. Tout dépend comment vous le voyez. Oui, parce que ce dont nous parlons c'est ce qu'est la pure conscience. Vous ne pouvez ni la connaître, ni en faire l'expérience parce qu'il n'y a tout simplement pas de « vous » qui puissiez le faire. La libération c'est la mort de l'expérience de présence accompagnée de la notion qu'il n'y a jamais rien eu de semblable. Dans l'histoire que l'on raconte, on pourrait dire « qu'on est allé plus profond ». Pour le « moi », c'est comme de passer de la présence à l'absence, et c'est mourir finalement. Il n'y a donc personne qui survive à ce qui aurait pu « aller plus profond ». C'est la fin de l'illusion qu'il y ait même pu y avoir quelqu'un sur un chemin, a fortiori quelqu'un qui puisse aller plus profond. En ce sens, ce n'est pas plus profond du tout et

« aller de plus en plus profond » ne veut tout simplement plus rien dire. Toute cette histoire, ce n'est jamais que « moi sur mon chemin » et il n'y a rien de tout cela qui soit réel.

Q: Hum.

Le but ultime

A: En fait, ce message n'offre rien à la personne et pourtant il peut être très attrayant. Pour le chercheur, il semble qu'il y ait soit le sentiment d'exister assortie d'une aspiration à la liberté, soit une expérience de libération assortie d'un besoin de sécurité et de reconnaissance. Ce vers quoi pointe le message c'est la dissolution du dilemme sécurité ou liberté, mais pour personne: la libération sans la contrepartie du désir d'exister, « être tout simplement » sans le besoin de s'en libérer.

Q: Il semblerait que ce soit le but ultime.

A: En un sens, c'est le but ultime, mais pour personne. Personne n'atteindra jamais ce but car la destination n'est autre que ce qui est déjà naturellement. Il en est déjà ainsi et c'est cela qui rend le message si attrayant: « être tout simplement ».

Q: Oui, cela sonne juste.

A: Oui, « être tout simplement », ce n'est pas un état personnel. Nous ne parlons pas ici d'un état d'être pur qu'il nous faudrait atteindre. « Être simplement » ce n'est pas quelque chose que le « moi » puisse faire. C'est déjà tout ce qu'il y a. Chercher à le faire, ce serait essayer d'accomplir ce qui est déjà.

Q: Mais pourquoi est-ce si difficile?

A: Vu de la perspective du moi apparent, c'est non seulement difficile, c'est impossible! Le dilemme, c'est que le sentiment d'être quelqu'un est automatiquement accompagné par un sentiment d'incomplétude, et aussi par un état d'agitation. C'est pourquoi l'expérience « d'être tout simplement » est inconfortable et semble même artificielle, ce qui est évidemment le cas quand elle est « faite » par le « moi ». Tout ce que le « moi » connaît dans cet état profond – car il s'agit toujours d'un état – c'est sa tentative d'y échapper ou de s'en distraire pour revenir à un état en apparence plus confortable. Lorsqu'il fait cette expérience, le « moi » ne peut appréhender que ne rien faire, « être tout simplement » est si plaisant. Le miracle, c'est qu'il ne manque rien à « ce qui est » car « ce qui est » est naturellement complet. Rapportés à « ce qui est », tous les problèmes sont imaginaires.

Q: Tout cela paraît très bien encore une fois. N'y a-t-il vraiment aucun problème?

A: Eh bien, pas de problème qui soit réel. Les problèmes sont simplement ce qu'ils sont, rien de vraiment grave cependant. C'est tout simplement la vie apparaissant ainsi.

Q: Hum!

Avantage–désavantage

A: L'illusion qu'il puisse y avoir un avantage est en réalité le désavantage. L'illusion qu'il y ait quelque chose qui puisse amener la plénitude est le désavantage. Et c'est même une histoire car à présent vous imaginez que ce serait un avantage d'être sans cette illusion. Pourtant, rien n'est mieux ou pire que quoi que ce soit d'autre. Il n'y a rien qui soit « plus ou moins ce qu'il arrive en apparence ». En étant ce qu'il arrive, rien n'est plus complet en soi que quoi que ce soit d'autre. Il n'y a donc aucun avantage à quoi que ce soit.

Q: Mais n'est-ce pas mieux de le savoir?

A: Non, ce n'est pas mieux. De toute façon vous ne pouvez pas le savoir. Le savoir, ce ne serait jamais qu'un savoir de plus. Ce n'est ni utile, ni nécessaire.

Q: Mais, n'est-ce pas là ce que vous dîtes de tout votre message?

A: Oui, mon message est inutile. Vu par le « moi » qui s'efforce constamment de tirer un avantage, ce message est totalement inutile. Voyez-vous, même lorsque je dis qu'il n'y a aucun avantage, le moi apparent s'efforce encore de le comprendre pour en tirer un avantage. Et c'est précisément cela le rêve.

Q: Qu'est-ce donc que le rêve?

A: Que vous êtes quelqu'un qui est ici maintenant, parvenu à un certain point dans votre vie et essayant de trouver la plénitude. Trouver la plénitude, ce serait l'avantage absolu bien sûr. Il ne peut en être qu'ainsi, apparemment, parce que le « moi » n'a d'autre option que de se sentir insatisfait de « ce qui est ». C'est pour cette raison qu'il est toujours en quête.

Q: Hum, oui...

A: Toute cette quête, toutes ces virevoltes dans votre histoire personnelle, cette analyse incessante, tout cela n'a lieu que dans la configuration qui fait de vous une personne. La libération n'est pas une réalisation dans le cadre de cette configuration. Ce n'est pas vous découvrant qu'il n'y a aucun avantage. Ce n'est pas vous découvrant qu'il n'y a pas de « vous ». La libération c'est la dissolution complète de cette configuration. C'est soudain, hors du temps, et c'est irréversible.

Innocence

Q: Andreas, qu'est-ce que l'innocence pour vous?

A: L'innocence? La réalité naturelle, c'est l'innocence. Toute chose est innocemment ce qu'elle est.

Q: En ce cas, même le « moi » et penser à son histoire personnelle sont inclus.

A: Oui, bien sûr! Tout est innocemment soi-même. Il n'y a ni bien, ni mal, ni bonne, ni mauvaise façon d'être. Il n'y a pas « être moi » par opposition à « être tout simplement ». Toute chose est ce qu'elle est.

Q: Ouah! C'est génial!

A: Oui, aucune chose n'essaye d'être autre chose que ce qu'elle est.

Ne rien voir

Q: J'ai le sentiment en même temps qu'il est évident qu'il n'y a pas de « moi ».

A: D'accord. Et qui voit cela?

Q: Hum. Je ne sais pas. Moi? (rires)

A: La libération, voyez-vous, ce n'est pas la vision de quelque chose. La libération, ce n'est pas passer de la vision de la circonstance « Je suis » à la vision d'une autre circonstance appelée « non-moi ». La libération ce n'est pas acquérir la pleine conscience d'une autre circonstance. Toute « conscience de quelque chose » est illusoire. Il n'y a en réalité ni conscience, ni quelque chose dont on puisse être conscient.

Q: J'ai déjà entendu la phrase « être conscient d'être conscient ». Qu'en pensez-vous?

A: Mais voyons, ce n'est jamais qu'une autre façon de jouer avec les mots. Cela se réfère apparemment à un autre état ou un autre degré de conscience. Cela ressemble à toutes ces recommandations qui veulent que l'on « tourne son attention vers soi-même ». Il n'y a pas de soi qui puisse se retourner et jouer de son attention. Ce ne sont là que jeux personnels. Non que ce soit mauvais en soi bien sûr, mais c'est illusoire. Il n'y a absolument rien de mal à ce que les choses soient illusoires. Il n'y a rien de mal avec quoi que ce soit. Il reste cependant que ce qui est recherché dans le rêve, l'accomplissement à titre personnel, ne sera jamais atteint. La personne n'existe tout simplement pas. Quel que soit le jeu que vous jouiez, il ne vous emmènera jamais au-delà, vers quelque chose qui soit plus réel, vers quelque chose qui soit davantage « cela ».

Q: Hum… ce n'est pas une très bonne nouvelle, pour être honnête.

A: Oui, pour la personne, ce n'est pas une bonne nouvelle, mais bon, qui se préoccupe de la personne? Il n'y a que la personne qui se préoccupe de la personne. Mais comme il n'y a en réalité personne, personne ne s'en préoccupe véritablement. « Ceci » – ce qui est – est « cela-même », et c'est une bonne nouvelle. Il n'y a aucune circonstance qui puisse déboucher sur la plénitude. Cela aussi, c'est une bonne nouvelle. En fait, la bonne nouvelle, c'est qu'il n'y a pas de circonstances du tout. Vous attendez que quelque chose soit réel et que ce quelque chose vous comble véritablement. Peut-être ma prochaine expérience intérieure sera-t-elle réelle et ma quête s'achèvera-t-elle enfin. Peut-être mon prochain partenaire sera-t-il réel et ce sera enfin le bon. Peut-être le prochain gourou sera-t-il réel et m'aidera-t-il à atteindre une circonstance réelle appelée libération.

Oubliez tout cela! Ni vous – le chercheur présumé – ni aucune autre circonstance n'existent. Il n'y a pas de véritables expériences intérieures, pas plus qu'ils n'existent de vrais partenaires ou de vrais gourous. Il n'y a rien qui doive arriver et rien ne se produira à l'avenir. C'est intemporel et hors du temps il n'y a rien qui soit vraiment quelque chose. Le sentiment que vous existiez maintenant et que quelque chose vous arrive, c'est cela même le rêve. Rien n'arrive jamais.

Q: Ouah, c'est intense. N'y a-t-il pas un moyen d'approcher cela?

A: La libération n'a rien d'une approche et il n'y a rien dont on puisse se rapprocher. Il n'y a ni approche, ni devenir. Il n'y a pas de « moi » qui soit sur un chemin.

Q: Mais n'y a -t-il pas une approche apparente?

A: Il peut y avoir l'illusion d'une approche apparemment. Le « moi » illusoire s'imagine qu'il est en route vers la plénitude. L'illusion c'est précisément cela, croire qu'il y quelqu'un sur un chemin qui mène au réel: « Je suis en route vers le réel ». La libération n'est pas l'aboutissement d'une démarche réussie. Elle n'advient pas au terme d'un quelconque développement. La libération, c'est l'implosion de tout l'édifice qui légitimise la quête.

Q: Mais la recherche elle-même ne doit-elle pas exister?

A: Eh bien, comme je l'ai dit, la libération c'est la fin de la recherche par la mort apparente du chercheur. Dans cette mort, il n'y a rien qui ait été découvert, rien qui ait été réalisé et personne qui soit devenu conscient. Tout cela, ce sont des illusions. La libération, c'est une rupture totale et sans raison. C'est la dissolution sans raison de l'énergie qui anime la quête et de la personne qui croit la mener. Il ne reste rien, si ce n'est ce qu'il arrive en apparence. Et cela n'advient pour personne. En réalité, il n'y a jamais rien eu d'autre.

Q: Pourquoi y a -t-il tant de « maîtres » qui appellent cela l'éveil ou l'illumination?

A: On peut appeler ça l'éveil parce que c'est comme la fin d'un rêve. L'expérience d'être quelqu'un et d'avoir une vie n'a pas plus de réalité qu'un rêve. Lorsque le rêve prend fin, c'est comme de se réveiller. À cette différence près qu'il n'y a personne qui se réveille, pas plus d'ailleurs qu'il n'y avait quelqu'un qui dormait. Tous les conseils pour vous aider à vous réveiller relèvent d'enseignements personnels dont l'objectif est de vous apprendre à sortir des schémas de pensée qui vous troublent. Dans ce schéma, la personne peut avoir des expériences d'éveil.

Q: La ligne qui sépare la personne qui se réveille de se réveiller de la personne semble ténue.

A: Eh bien, on peut croire que la distinction soit subtile, pourtant, dans l'histoire la ligne n'est pas si fine. La ligne n'est autre que le « moi » lui-même. Dans la configuration personnelle, l'emphase est mise, encore une fois, sur l'expérience intérieure et sur le sentiment de libération qu'elle génère. Il semble que cela soit un gain, une révélation du sens de la vie. Et cela n'est pas dénué de vérité en un sens. Pourtant, ce que la personne évite de voire en se focalisant sur l'expérience, c'est que toute cette vie est illusoire. Dans la libération, la déconstruction des schémas de pensées et les (changements de) comportements auxquels cela peut conduire peuvent survenir, mais cela n'est ni certain, ni obligatoire. En tout état de cause, personne n'y travaille et cela n'a aucune valeur particulière, que le changement survienne ou non. Pour le moi illusoire, il y a pourtant l'illusion de la valeur.

Q: Cela a-t-il une importance?

A: Cela a-t-il une importance?

Q: Tout ce que vous venez d'expliquer.

A: Aucune. Dans un cas comme dans l'autre, c'est ce qu'il advient en apparence. Dans la libération, il n'y a personne qui soit libéré et personne qui soit dans la servitude. Personne n'est emprisonné, c'est cela la libération.

Q: *Voulez-vous ajouter quelque chose sur l'éveil ou l'illumination?*

A: Eh bien, ce que je pourrais ajouter serait essentiellement la même chose. Concernant ce message, il est important de rappeler que l'éveil ne produit pas une personne éveillée ou une personne illuminée. L'illumination, c'est qu'il n'y a pas de personne au départ. Il n'y a jamais eu personne et il n'y aura jamais personne. Cela illumine le paysage non. Ou devrais-je dire que cela libère?

Q: *Quel est l'intérêt alors ?*

A: Aucun intérêt.

Q: *C'est vous qui l'avez dit.*

Sans expérience

Q: *Andreas, vous dîtes parfois qu'il n'y a aucune expérience de cela. Que voulez-vous dire par là?*

A: Eh bien, le monde de l'expérience, c'est le rêve. L'expérience d'être quelque chose est la graine de la séparation. Il y a ce premier sentiment de présence et – boum! – vous avez le monde. Quand il y a un, il y a deux. Quand il y a deux, il y a trois, puis il y a le monde entier.

Q: *Pouvez-vous expliquer davantage?*

A: Eh bien, c'est le début de l'existence et c'est aussi le processus de création. L'expérience de présence, c'est la naissance du « moi »: soudain il y a ce premier quelque chose qui apparaît de façon subtile et, immédiatement, il y a quelque chose autour. Dès lors que vous avez un, vous avez deux. Mais quand il y a deux, il y a aussi quelque chose qui les divise ou qui les connecte, une limite ou un pont. Il en est ainsi du processus de l'expérience ou, si vous préférez, du processus dans lequel la conscience vit et se différencie en portant son attention. Et à présent vous avez trois: le sujet qui perçoit, la perception, et ce qui est perçu. De là surgit la totalité du monde, toute l'illusion d'un monde.

Q : Mais c'est une illusion.

A: Oui, bien sûr. Il n'y a pas de création, il n'y a pas de monde et il n'y a pas de réalité artificielle. Cette première naissance, le surgissement du sentiment de présence, ne s'est pas réellement produit. Rien n'est né et rien n'est devenu séparé. Il n'y a rien qui soit présent en tant que tel, ou plutôt il n'y a personne qui ait une expérience de présence maintenant. La séparation n'est pas advenue, l'expérience non plus. Il n'y a pas de création et il n'y a pas non plus d'illusion de la création.

Pour personne

Q: Pouvez-vous expliquer davantage ce que vous voulez dire quand vous utilisez l'expression « pour personne »?

A: Eh bien, « pour personne » signifie qu'il n'y a nul besoin d'une personne ou d'un sujet additionnel pour faire l'expérience de « ce qui est ». Il peut bien y avoir l'expérience illusoire qu'une personne illusoire a d'une chose tout aussi illusoire, mais cela aussi n'est jamais que « ce qui est ».

Q: *Ce n'est donc pas réel?*

A: Non, ce n'est pas réel. Cela n'arrive pas en réalité.

Q: *Il n'y a pas d'expérience?*

A: Non, il n'y en a pas.

Q: *Alors « pour personne » se réfère à...*

A: Cela ne se réfère à rien. Pourtant, ce que cherche le moi apparent, c'est une expérience. Il n'y a que l'expérience qui ait une valeur pour le « moi ». L'affirmation qui veut que ce qui est un et indivisible ne soit pour personne est presqu'une insulte pour le « moi ». Ce qu'il espère c'est faire l'expérience de la plénitude pour lui-même, ce qui n'arrivera jamais car ce qui est déjà complet en soi n'est complet pour personne.

Q: *Qu'est-ce donc que l'expérience?*

A: C'est l'illusion car il n'y a rien de tel. « Je fais l'expérience de quelque chose », c'est cela le rêve. Dans cette configuration, il semble qu'il y ait une distance entre le sujet qui fait l'expérience et ce qui est expérimenté. Cela ne se produit tout simplement pas.

Q: *Comment puis-je voir cela?*

A: Vous ne pouvez pas le voir. Voyez-vous, ce que vous recherchez n'est jamais qu'une autre experience, l'expérience de voir à travers l'illusion.

Q: *C'est juste.*

A: Mais il n'y a pas d'illusion. « Je suis », c'est l'illusion, mais comme il n'y a pas de vrai « Je suis », il n'y a pas d'illusion non plus. La séparation n'est pas réelle.

Q: Mais que dois-je faire de cela?

A: Vous ne pouvez rien en faire. Cela résonne ou pas. Que cela résonne ou non, c'est d'ailleurs la même unité indivisible. Bien qu'il y ait deux possibilités apparemment, jamais il n'y a de « moi » qui soit impliqué. En fait, « la résonnance » ce n'est jamais qu'une histoire bien entendu.

Q: Il semble pourtant qu'il y ait une méthode.

A: Oui, il peut sembler qu'il y en ait une, mais ce n'est pas le cas. L'élément déterminant qui fait que ce n'est pas une méthode, c'est qu'il n'y a pas d'intention. Il n'y a personne qui le dise pour créer en vous un effet ou une réalisation. En réalité, tout effet est illusoire.

Q: Mais vous venez de dire que ces paroles pouvaient être entendues.

A: Si cela arrivait, ce serait une histoire. Il n'y a rien que vous deviez entendre. Toutefois, dans l'histoire, il semble qu'il y ait la possibilité d'une compréhension instantanée, d'une évidence par rapport à ce dont nous parlons ici. Personne ne peut le faire. Ce n'est même pas une occurrence réelle, mais il pourrait arriver que le moi apparent meurt dans cette évidence.

Q: Mais cela aussi, c'est une histoire.

A: Bien sûr que c'est une histoire. Tout ce que je raconte est une histoire.

Q: Il n'y a donc pas de vérité?

A: Non, il n'y en a pas. En réalité il ne se passe rien et il ne saurait donc y avoir de vérité.

Comment?

Q: Comment se libérer de la prison de la conscience?

A: Il n'y a pas vraiment de conscience. C'est cela s'évader.

Q: Mais comment puis-je le faire?

A: Vous ne pouvez pas le faire. Ce qui vit dans la présence veut s'évader de sa présence pour être présent dans son absence. N'y comptez pas! Il n'y a rien dont on puisse s'évader et personne qui puisse s'en évader.

Q: Hum!

A: Oui!

Q: Il n'y a donc rien dont on puisse se libérer?

A: Non, il n'y a rien. Il n'y a que liberté si vous voulez. Mais pour personne.

Q: Il n'y a pas de conscience?

A: Il y a bien une conscience apparente, mais ce que vous considérez comme étant la conscience, c'est probablement « Je suis ». Cette conscience de soi est illusoire. S'il n'y a pas de « Je suis », cela signifie qu'il n'y a pas de conscience non plus.

Q: Qu'est-ce que la libération alors ?

A: Ce n'est rien vraiment. C'est l'histoire de la mort illusoire d'une présence illusoire.

Q: *Pourquoi est-ce une mort illusoire?*

A: Parce que la présence qui meurt n'a jamais été réellement présente au départ.

Q: *Que puis-je faire de cette information?*

A: Vous ne pouvez rien en faire. Elle n'a aucune utilité. Peut-être pourriez-vous devenir professeur de philosophie (rires). Je pointe seulement vers ce qui est déjà. Pour le chercheur apparent, c'est parfaitement inutile.

Q: *Mais à être assis ici, dans cela, il semble qu'il y ait une liberté.*

A: La liberté, c'est ce qui est déjà.

Q: *Et la paix.*

A: Oui, et la paix. La liberté et la paix vont ensemble. Ceci est libre et complet en soi, c'est l'aventure dans la sécurité.

Q: *Ouah, c'est merveilleux.*

A: Oui, c'est merveilleux. Mais pour personne.

Q: *Peut-on y trouver le repos?*

A: Non, il n'y a aucun repos à trouver en cela, à aucun niveau. C'est cela, mais il n'y a personne qui y trouve le repos. Il n'y a ni repos, ni rupture avec cela, aucune « chute » hors de cela. C'est simplement tout ce qu'il y a.

Q: *Mais il y a beaucoup d'enseignements qui disent qu'il faut trouver le repos ou demeurer en cela, ou encore comme cela.*

A: Ce sont des enseignements personnels. Qui a besoin du repos ou pourrait même trouver le repos ou demeurer en quoi que ce soit s'il n'y a personne qui soit là pour le faire? Personne n'a besoin de faire quoi que ce soit. C'est déjà complet en soi, il ne manque rien.

Q: *Mais mon experience est différente.*

A: Cela aussi est déjà complet en soi.

Q: *Je ne saisis pas.*

A: Oui, et c'est cette même complétude aussi.

Q: *Mais je veux la saisir.*

A: Ce à quoi rien ne manque, le saisir? On ne peut échapper à ce qu'il arrive en apparence. C'est complet et libre déjà, mais pour personne. Personne ne voit cela. Personne ne demeure en cela. C'est simplement « ce que c'est ».

Q: *Hum.*

A: « Ce qui est », c'est tout ce qu'il y a. En tant que « cela-même », ce n'est pas un quelque chose. C'est hors du temps; c'est là et ce n'est pas là.

Q: *Hum.*

A: Oui, jamais vous ne pourrez le saisir.

Q: *Et vous, vous le saisissez?*

A: Non, bien sûr que non.

Q: Que vous est-il arrivé alors?

A: Il ne m'est rien arrivé. Je suis mort tout simplement. Mais cela ne m'est pas arrivé non plus. C'est ce qu'il s'est passé en apparence, mais encore une fois, pour personne.

Le vrai soi

Q: Andreas, je suis à la recherche de mon vrai soi. Que pouvez-vous en dire?

A: Il n'y a pas de vrai soi.

Q: De nombreux « maîtres » disent que le vrai soi c'est la conscience.

A: Eh bien, le « moi » peut se reconnaître comme conscience, mais cela fait toujours partie de l'histoire personnelle. C'est encore quelque chose qui se reconnaît soi-même comme quelque chose. C'est totalement personnel.

Q: Pourrait-on appeler ça le « vrai soi »?

A: Eh bien oui, en un sens, on pourrait le dire. La conscience c'est ce qu'est le « moi ». Le « moi » est pure conscience quand il n'a pas d'histoire. Il est alors pur « Je suis », mais il ne voit pour autant qu'il est illusoire.

Q: Pourquoi est-il illusoire?

A: Pour aucune raison. Tout est réel et irréel. Les choses sont ainsi en apparence. C'est ainsi sans raison.

Q: « Ce qui est » ne se reconnaît pas soi-même?

A: Non, « ce qui est » ne se reconnaît pas soi-même comme étant quelque chose. « Ce qui est », c'est « cela-même » tout simplement, sans aucun besoin de reconnaissance.

Q: Et toute reconnaissance fait partie de l'histoire personnelle?

A: Oui, absolument, c'est ce que je dis. La conscience, c'est un rêve. Pourquoi n'est-ce pas réel? Pour aucune raison. Peut-on reconnaître cela? Qui le pourrait puisqu'il n'y a personne! Toute ces histoires de vouloir « se reconnaître » ou « se connaître soi-même » se produisent dans une configuration personnelle. Elles n'ont de sens que dans le cadre d'une expérience de présence. Tout ce que le « moi » connaît, c'est cette présence. Tout ce que le « moi » connaît, c'est le « moi ». Il s'ensuit que tout ce qu'il peut trouver par investigation personnelle, c'est la conscience, ce qui revient finalement à découvrir que « tout ce qui est, c'est moi! » Il est étonnant de voir avec quelle facilité le « moi » transforme ce message en un message totalement personnel.

« Je suis conscient d'être là, ici maintenant » est une représentation illusoire. S'il n'y a pas quelque chose qui soit présent, il n'y a pas de vrai soi que je puisse connaître. Ce qui fait l'expérience de soi comme présence ne peut connaître son absence. C'est pour cela que je dis que la libération, c'est la mort. Ce n'est pas quelque chose qui arrive à quelqu'un; c'est la mort soudaine de l'illusion d'être quelqu'un, et c'est final. Dans la libération, il ne reste rien de la personne et pourtant, tout demeure, libre et total.

Présence

A: Je dirais que toute expérience de présence est souffrance. Toute expérience d'être quelque chose qui est (quelque chose de séparé par opposition à d'autres choses « au dehors ») est naturellement malheureuse.

Q: Mais pourquoi en est-il ainsi?

A: Pour aucune raison qui soit réelle. On pourrait dire que c'est en raison de l'expérience de séparation, mais ce n'est jamais qu'une histoire. Il n'y a aucune raison véritable. C'est simplement ce qu'il se passe en apparence. Tout sentiment de présence est accompagné d'un sentiment d'insatisfaction plus ou moins subtil. Et c'est de ce sentiment d'incomplétude que survient la recherche.

Q: Quelle est la solution alors?

A: Il n'y en a pas. Il n'y a pas vraiment de solution à ce problème. D'abord, parce que c'est simplement ce qu'il arrive en apparence; ensuite parce que cette expérience de présence est illusoire. La souffrance n'est pas aussi réelle que dans l'expérience qu'on en fait. Mais le savoir n'est pas non plus une solution.

Q: Cela signifie-t-il que je sois damnée?

A: Eh bien, il n'y a pas de « vous » qui soit damnée en réalité, pourtant, le « moi » est condamné à n'être que « moi » en apparence. Le « moi » ne peut devenir « non-moi ».

Q: Cela signifie continuer la recherche?

A: C'est une autre solution du « moi » qui ne résout rien. Mais oui vous avez raison, tant qu'il y a une expérience de présence, il y a toujours une recherche de quelque sorte.

Q: Mais il n'y a pas de recherche quand il n'y a plus d'histoire personnelle.

A: Qu'y a-t-il alors?

Q: Le silence. Alors, il y a juste le silence.

A: Oui, mais pour combien de temps?

Q: Je ne sais pas, pour un certain temps certainement. Le silence est censé être toujours là.

A: Oui, c'est ce qu'on dit. Mais vous, êtes-vous toujours là dans le silence?

Q: Non, je n'y suis pas, mais je pratique.

A: Écoutez, ce dont vous parlez, c'est l'expérience de ne pas avoir d'histoire pour un moment. Cette expérience est transitoire et elle nécessite un effort.

Q: Quel effort?

A: Je ne sais pas. Vous disiez à l'instant que vous pratiquiez.

Q: Oui, c'est revenir au silence.

A: Alors, c'est une pratique personnelle. C'est « vous » qui faites ces allers-retours, et c'est vous qui êtes consciente de l'un comme de l'autre. Tout cela se passe dans votre histoire et n'a rien à voir avec la libération. Cela à rapport à « vous » cherchant un moyen de sortir de votre misère.

Q: Que suggérez-vous?

A: Je ne suggère rien. Je ne dis pas « faites ceci » ou « ne faites pas cela ». En fait, je ne sais pas et je m'en fiche car il n'y a personne à sauver. Toute cette histoire de « Je suis dans la souffrance et je dois en sortir » est une illusion. Je vois bien qu'il en est ainsi pour vous, mais vous suggérer quelque chose ne ferait que perpétuer le rêve. En réalité, rien de cela n'arrive et il n'y a finalement aucune raison à cela.

Q: Qu'est-ce que la libération alors?

A: La fin de l'expérience de présence comme étant la seule réalité.

Q: Hum.

A: Pour aucune raison, bien sûr. Ce n'est pas la fin du chemin cependant, c'est la fin de celle qui présume qu'elle est quelqu'un sur un chemin.

Q: Oui, je comprends. Mais ce que nous sommes véritablement, la pure conscience, n'est pas non plus sur un chemin. Je ne comprends pas pourquoi vous dîtes que la pure conscience aussi c'est le rêve.

A: « La pure conscience », c'est toujours « moi » qui suis conscient de « tout le reste ». « Moi », c'est la conscience ou plutôt l'expérience d'être seulement conscience.

Q: Mais non, la conscience est impersonnelle et éternelle.

A: Qui sait cela? Vous vous référez à une expérience?

Q: Mais je suis cela.

A: Oui, d'accord. C'est ce que je disais. C'est qui « vous » êtes, ou plutôt c'est l'expérience « Je suis »: la conscience est « ce que je suis » et « je » réside au-dessus ou au-delà de « tout le reste ». Cette expérience peut certainement exister sans histoire personnelle pour un moment et c'est pour cela qu'on peut avoir le sentiment que c'est impersonnel. A partir de cette expérience, il se peut que survienne la conviction que je suis naturellement pure conscience et que si je pratique assez, je pourrais toujours connaître et expérimenter cela. C'est des conneries!

Q: Pourquoi?

A: Parce que ce n'est pas réel. Il n'y a pas de présence éternelle. Ce n'est qu'une illusion. Si vous ajoutez l'expérience du temps à l'expérience de la présence, vous obtenez des représentations comme « éternel » ou « toujours maintenant ». Encore une fois, ce sont des convictions basées sur l'expérience personnelle.

Q: Hum. Qu'y a -t-il à connaître alors?

A: Rien. Il n'y a rien à connaître.

Q: Y a-t-il quelque chose que l'on puisse être?

A: Non, il n'y a rien que l'on puisse être non plus. Il n'y a pas de vous qui puissiez connaître ou consciemment être quelque chose. Ce seraient encore des états et il n'en est nul besoin. « Ce qui est » ou « ce qu'il arrive en apparence » est déjà pleinement « cela-même », sans effort. Tout arrive de soi-même, vous inclue, mais pour personne.

Je suis confus

Q: Andreas, je suis complètement confus. Y a-t-il une illusion du «
moi » ou n'y a-t-il pas d'illusion du « moi »?

A: Apparemment, il y en a une.

Q: Eh?

A: Écoutez, « vous » ne pouvez rien saisir. Qui veut savoir? Il n'y a
pas de réponse à cela. Il n'y a pas de réponse à quoi que ce soit. Qui
pourrait le savoir? Il n'y a personne qui soit là.

Q: Alors, il n'y a rien que l'on puisse connaître?

A: Oui, exactement. Il n'y a rien qui puisse être connu et il n'y a
personne qui puisse connaître.

Q: Qui sait cela alors?

A: Personne, bien sûr!

Q: C'est hilarant!

A: Oui, ça l'est. Toute connaissance nécessite un point d'ancrage à
partir duquel les choses sont connues. Mais il n'y a pas de point
d'ancrage. Qui – ou qu'est ce qui – devrait le savoir? Ce qui est un et
indivisible est merveilleusement ignorant de tout parce qu'il n'y a
rien d'autre, tout simplement

Q: Se connaît-il lui-même?

A: Pas vraiment. Il est simplement lui-même. Vous savez, « être assis
dans cette pièce », c'est « cela-même » et il n'y a là rien à connaître,
d'aucune façon. C'est simplement ce que c'est.

Q: Alors, toute chose est simplement ce qu'elle est?

A: Oui, absolument.

Q: C'est tout simple.

A: En effet!

Inutile

Q: Andreas, je me suis rendu compte aujourd'hui de l'inutilité de votre message. J'ai toujours pensé qu'il y avait quelque utilité ou sens caché quand vous disiez qu'il était inutile. Eh bien non, il est inutile, tout simplement.

A: Oh, oui, c'est foutrement inutile (rires). C'est inutile parce que ce dont on parle est déjà comme cela et que cela, c'est tout ce qu'il y a. Qu'il n'y ait pas de « moi », c'est aussi déjà le cas; le moi est irréel dès le départ.

Q. Mon Dieu. Je vous ai entendu dire cela, mais j'ai toujours pensé que cela annonçait quelque chose d'important.

A: Non, pas du tout. En réalité, rien ne change. Ce qui est, ou « ceci », ne progresse pas vers un meilleur « ceci ». S'il y a progrès, c'est « cela-même »; s'il y a échec, c'est « cela-même » aussi. Aucun changement ne change quoi que ce soit, c'est là la liberté de ce qui est complet en soi, de ce à quoi il ne manque rien.

Q: C'est vraiment incroyable.

A: Oui, c'est incroyable.

Q: *Maintenant je peux faire tout ce que je veux.*

A: Oui, vous pouvez, à ceci près qu'il n'y a personne qui puisse le faire. Pourtant, vous avez raison, rien ne changera. Vous serez toujours ce que vous êtes déjà.

Q: *C'est génial de savoir cela.*

A: Oui, mais … jamais vous ne le saurez. La libération ce n'est pas vous sachant cela. Le moi apparent peut penser que le savoir est un lieu de refuge.

Q: *Ah oui, il n'y a personne.*

A: Oui, vous êtes ce que vous êtes sans faire l'expérience de ce que vous êtes. En ce sens, il est préférable de dire que tout ce qu'il y a, c'est ce qu'il se passe en apparence. Personne ne sait ce que c'est, personne ne sait comment c'est et personne ne sait même si c'est quelque chose ou non. Nous revoilà avec l'inutilité.

Q: *Rires.*

Au sujet des mots

Q: *À plusieurs reprises, je vous ai entendu dire « Tout ce qu'il y a, c'est ce qui n'est pas quelque chose ». Certains « maîtres » disent que tout ce qui est est conscience. Quelle est la différence? N'êtes-vous pas parfois un peu pointilleux avec les mots? Cela a-t-il un rapport avec la formulation?*

A: Non, bien sûr, il ne s'agit pas que de mots. Quand je dis

« Tout ce qu'il y a, c'est ce qui n'est pas quelque chose », le sens est différent de ce que je comprends quand d'autres disent « Tout ce qui est est conscience ». Je ne suis évidemment pas certain de ce qu'ils veulent dire par là, mais mon impression c'est qu'il faut s'en tenir au sens premier de la formule. Pour ma part, il m'est impossible de dire que tout ce qui est est conscience parce que ce dont je parle est, pour ainsi dire, antérieur à la conscience. Si la conscience n'est pas quelque chose, elle n'est pas tout. La conscience, c'est ce qui n'est pas quelque chose apparaissant comme conscience. Comme tout ce qui arrive, la conscience n'est telle qu'en apparence. Pourtant, ce n'est pas ce que je suis. Ce que je suis, c'est bien ce qu'est la conscience, mais sans en avoir l'expérience. L'expérience d'être la conscience, c'est encore et toujours une expérience personnelle.

Q: Mais beaucoup de ces « maîtres » disent que cette conscience est impersonnelle.

A: Oui, c'est exact. Mais si vous leur demandez où se situe cette conscience, ils pointent vers leur corps en disant « ici ».

Q: Oui, mais certains « maîtres » disent que la conscience est partout.

A: En effet, mais si elle est partout elle est toujours quelque part. Cette affirmation vient en réalité d'une conclusion. Dans l'expérience « Je suis la conscience », je peux dire que la conscience est partout. En fait, je ne peux pas dire où elle n'est pas, puisque je suis conscient de toutes ces choses. Où que ces choses puissent être, il doit donc y avoir conscience. Pourtant, le centre de la conscience demeure l'expérience que l'on en fait dans le corps. Quand on parle de la conscience on se réfère toujours à la configuration de l'expérience. En fait, on ne l'a jamais quittée.

Q: D'accord. Mais qu'est-ce que la libération alors?

A: La libération, c'est la fin de l'expérience d'être quelque chose qui est, quelque chose de spécifique. Pourtant, vous ne pouvez en faire l'expérience. « Vous » ne pouvez pas le faire. La libération est un accident. Cela arrive en apparence, ou pas. Rien ne peut la provoquer, mais rien ne peut non plus empêcher que cela se produise.

Q: Une dernière question sur toutes ces affirmations sur la conscience. Pourquoi disent-ils que c'est impersonnel?

A: On peut avoir l'impression que c'est impersonnel parce que l'expérience de la pure conscience est sans histoire ou détachée de l'histoire personnelle. Dans la plupart de ces enseignements, l'illumination c'est la découverte que vous n'êtes pas votre histoire personnelle. Et pour certaines personnes, c'est une révélation d'une grande intensité. Pourtant, ce n'est finalement qu'une expérience personnelle de plus. C'est passer de « Je suis, plus mon histoire » à « Je suis, sans mon histoire », mais c'est toujours et encore « Je suis ». On peut bien avoir le sentiment que c'est impersonnel, pourtant ça ne l'est pas. Ça ne peut l'être parce que c'est une expérience. La plupart du temps d'ailleurs, ce n'est pas permanent. Et c'est pour cela qu'il vous faut demeurer conscient de la conscience pour ne pas vous perdre à nouveau dans votre histoire (rires).

La libération n'est pas ressentie comme étant impersonnelle. Il n'y a simplement personne, même si cela semble personnel. Même s'il semble qu'il y ait Andreas qui veut ceci ou cela, il n'y a personne derrière cette apparence. La personne est une illusion; elle n'existe tout simplement pas, même si elle existe apparemment dans l'histoire. Être avec ou sans histoire, qui s'en préoccupe? Qui vit dans la conscience qu'il y a une histoire ou non? En fait, tout le monde s'en fiche et cela ne dérange personne. Écoutez, tout cela se sont des histoires personnelles: histoire ou pas, personnel ou impersonnel, en réalité cela ne fait aucune différence. Tout est « cela-même » en définitive.

La configuration séparée

Q: Andreas, pouvez-vous décrire la configuration séparée?

A: Oui et non. En fait, la configuration séparée, c'est une histoire parce qu'il n'y a rien de tel. Cependant, dans la perspective apparente de la personne, il y a l'expérience que je suis quelque chose « à l'intérieur » ou plutôt que je suis dans ce corps et que tout le reste, ce sont des choses au dehors. Tout ce que je fais c'est vivre dans cette expérience, dans la direction, l'attention et la concentration. C'est cela la configuration séparée telle qu'elle est vécue par le « moi », et cette configuration, c'est tout ce que le « moi » connaît.

Q: Mais?

A: Mais c'est illusoire.

Q: Que voulez-vous dire par là?

A: Que ça n'existe pas.

Q: Et que voulez-vous dire par là?

A: Je veux dire que c'est une illusion qu'il y ait quelqu'un.

Q: Il y a pourtant l'expérience qu'il y a quelqu'un.

A: En apparence, oui, mais pour personne. A la fin, personne ne sait s'il y a une experience du « moi » ou non.

Q: Hum.

A: En fait, la seule chose qui sache qu'il y a une expérience du « moi », c'est le « moi ». Mais comme le « moi » est illusoire, la présomption qu'il y ait un « moi » est elle aussi illusoire.

Q: Y a-t-il un « moi » ou pas?

A: Non, bien sûr, il n'y en a pas.

Q: Je ne saisis pas.

A: Évidemment. Et ce n'est pas parce que vous ne parvenez pas à le comprendre intellectuellement, c'est simplement que ça contredit toute votre expérience. L'expérience du « moi », c'est la présence. Ce que je dis, c'est que cette présence est illusoire. Encore une fois, la tentative pour le comprendre provient du sentiment de présence lui-même cherchant une compréhension réelle. Pourtant, cela est impossible, tout simplement parce qu'il n'y a pas de présence réelle au départ.

Q: Y a-t-il une illusion du « moi » alors?

A: Non, il n'y en a pas non plus. Quand je dis qu'il n'y a pas de « moi », cela veut dire qu'il n'y a pas d'illusion non plus. Ce qui est est « cela-même », inconditionnellement. Il n'y a rien dont il faille se réveiller, rien à guérir et aucune illusion à traverser. C'est simple parce que c'est tout simplement ce qu'il arrive.

C'est compliqué

Q: Ce dont vous parlez semble très compliqué. Je ne comprends rien.

A: En fait, ce n'est pas compliqué du tout. Il n'y a rien à comprendre. Dans la perspective du moi apparent, cela paraît très compliqué parce que sa perspective, c'est le monde dans lequel il présume qu'il vit, un monde réel et compliqué composé de nombreuses parties, processus, interconnections, réalités, un monde de choses qui peuvent, au moins potentiellement, être connues et comprises. « Je dois y penser. Je dois m'en souvenir et ne pas l'oublier... » et ainsi de suite. Rien de tout cela n'existe. Il n'y a pas de monde composé de parties. Il n'y a pas un monde réel composé de choses. « Ce qui est » est indivisé et « in-différent », littéralement. C'est une apparition pour ainsi dire. Une apparition en apparence, bien entendu.

Q: « Une apparition en apparence »! Qu'est-ce que c'est que ça? (rires)

A: C'est ce que c'est naturellement (rires).

Q: Pourquoi? (riant toujours)

A: Pour aucune raison! Il n'y a aucune raison pour qu'il en soit ainsi. C'est sans cause et ce n'est pas non plus logique.

Q: Y a-t-il quelque chose qui ne soit pas « apparent »?

A: Non, il n'y a rien. Il n'y a pas quelque chose. Vous savez, ce dont on parle c'est « ceci »: être assis ici à parler, être vous, être moi, vraiment, c'est ce qu'il y a de plus immédiat et de plus simple. Cela se passe déjà. Cela n'a pas besoin d'être connu ou compris. C'est simplement ce que c'est.

Q: C'est merveilleux en fait.

A: Absolument!

Liberté

Q: On parle souvent de liberté, mais de quel type de liberté s'agit-il quand je n'ai pas la liberté de faire ce que je veux.

A: Oui, c'est juste. En ce sens, il n'y a pas de liberté du tout. Évidemment, ce dont vous parlez, c'est une liberté personnelle. Tout ce qu'il y a, c'est ce qui n'est pas quelque chose apparaissant comme cela apparaît. C'est libre d'être ce que c'est – rien n'est requis pour que ce soit tel – et en même temps, il est absolument nécessaire que ce soit ainsi. Il n'y a de choix nulle part, ou plutôt, tout est déjà choisi. Le moi apparent aimerait évidemment qu'il y ait une liberté personnelle. Il la conçoit ou bien comme liberté d'agir comme il l'entend ou bien il la poursuit comme une expérience à faire, comme un sentiment de liberté qu'il lui faudrait découvrir. La libération, ce n'est ni l'un, ni l'autre.

Q: Pourquoi alors même parler de libération?

A: C'est juste un mot. Bien sûr, on peut dire que la mort de « Je suis », c'est la libération parce qu'elle libère de ce sentiment de réalité. Elle libère de cette tendance névrotique qui n'existe que dans la réalité artificielle engendrée par la quête désespérée du « moi ». Pourtant la libération ne produit pas une entité libérée. Ce qu'il reste n'est ni libre, ni contraint; c'est simplement ce qu'il arrive. On pourrait tout aussi bien dire que c'est à la fois libre et contraint: ce qui advient est libre dans son irréalité, contraint dans sa réalité, au sens où c'est ce que c'est.

Q: « Ce qui est », est-ce réel ou irréel?

A: C'est réel et irréel. C'est pour cela que je dis que c'est « ce qui n'est pas quelque chose ». « Ce qui est », n'est pas même un « ce ». En réalité, il n'y a pas de « cela ».

Q: Si seulement je pouvais saisir cela…

A: Quel « cela » ? Il n'y a pas de « cela » à saisir. Cela n'est pas une chose. Tout ce qu'il y a c'est « ceci »: être assis ici ensemble à parler. Ceci ne peut être saisi, parce que ce n'est pas quelque chose précisément.

Q: Et c'est réel et irréel?

A: Oui, bien sûr. Et c'est tout ce qu'il y a.

Q: C'est incroyable!

A: En effet!

Réalité

Q: Et qu'en est-il de la réalité?

A: C'est une bonne question. Y a-t-il quoi que ce soit de réel? Eh bien, il n'y a pas de réponse à cette question. Qui pourrait le savoir? Qui serait là pour connaître ou faire l'expérience de cette réalité ou pour répondre à la question? Et qui serait même là pour la poser? Alors, oubliez la question… ou ne l'oubliez pas. À qui cela importe-t-il?

Q: Mais, je pense que je devrais le savoir.

A: Oui, c'est possible, ou plutôt, c'est ce qu'il se passe apparemment. Ce n'est pas mauvais en soi et c'est même complet en soi, mais cela demeure une question dans un rêve. Toute réponse que vous pourriez obtenir à cette question ne serait jamais qu'une réponse dans un rêve. Jamais vous ne saurez s'il y a quelque chose de réel.

Q: *Pourquoi, ne peut-on le savoir?*

A: On ne peut le savoir, parce qu'il n'y a personne qui puisse connaître quoi que ce soit. C'est le point de vue à partir duquel l'observation a lieu qui est illusoire. C'est cela qui n'est pas réel en premier lieu. Il s'ensuit que toutes les conclusions qui en découlent ne sont pas réelles non plus. Pour autant, le désir de connaître n'est pas mauvais en soi. C'est ce que c'est, tout simplement.

Q: *Et qu'est-ce donc?*

A: Ce n'est rien qui soit une chose.

Q: *Mais je pensais qu'on ne pouvait le connaître?*

A: Oui, c'est bien cela. On ne peut connaître « ce qui est », raison pour laquelle je l'appelle « rien qui ne soit une chose ». « Ceci », être assis dans cette pièce à parler de l'un indivisible, n'est pas connaissable. Si vous essayez de connaître ce qui n'est pas quelque chose, cela ne fonctionne pas. Cela ne veut tout simplement rien dire.

Q: *Mais alors, toute cette conversation est inutile?*

A: Oui, cette conversation est inutile bien sûr, et le changement qu'elle pourrait éventuellement produire est illusoire. Il ne manque rien, c'était déjà complet en soi et il en sera toujours ainsi.

Q: *Mais voyons, qui sait cela?*

A: Personne ne sait cela. Qui pourrait possiblement le savoir? Vous rêvez encore d'une réalisation personnelle. Si la personne est une illusion, toute réalisation qu'elle pourrait avoir est nécessairement illusoire.

Q: Que faire alors? Vivre, simplement?

A: Oui, pourquoi pas. La bonne nouvelle, c'est que vous n'avez pas besoin de le faire. « Juste vivre », cela arrive déjà apparemment. Il n'y a pas de « vous » qui devriez le faire ou qui pourriez même le faire. Vivre consciemment, c'est cela l'illusion.

Q: Hum.

Renoncement

Q: Bonjour Andreas, je veux m'abandonner à Dieu.

A: Qui pensez-vous être pour croire que vous puissiez vous abandonner à Dieu! S'abandonner à Dieu, quelle arrogance! Pensez-vous que vous soyez assez grand pour faire cela? Oubliez ça! Ce « Je » qui veut s'abandonner à Dieu est une illusion. Il n'existe pas. C'est cela, pourrait-on dire, le véritable renoncement: rien à quoi s'abandonner et personne pour le faire. Ce qui est est déjà donné, en apparence. C'est ce que c'est et il n'est nul besoin que vous y renonciez.

Q: Ne vous êtes-vous pas abandonné de quelque manière?

A: S'abandonner, c'est la mort, pourrait-on dire. C'est la mort de celui qui croit qu'il devrait ou pourrait même s'abandonner. Mais c'est la vie elle-même qui fait cela. Quand la vie en a assez de vous, elle vous tue. C'est la libération. Ce n'est ni un succès, ni quelque chose que quelqu'un aurait pu faire. Le « moi » ne peut renoncer à lui-même, tout simplement par ce qu'il n'est pas là.

Q: Mais il veut s'abandonner.

A: Oui et non. Ce qu'il veut, c'est faire l'expérience de l'abandon. Il veut s'abandonner pour être dans un état de renoncement qui serait plus enviable de quelque façon. Il ne veut pas mourir cependant.

Q: *C'est vrai.*

A: Je ne dis pas que vous devriez vouloir mourir. Certainement pas! Toute votre existence est un rêve et il n'y a aucun mal à cela. C'est ce que c'est, tout simplement.

Q: *Et qu'est-ce que c'est?*

A: Personne ne le sait. Il n'y a personne qui soit là pour le savoir.

Q: *Personne ne connaît « ce qui est »?*

A: Bien sûr que non. Ce n'est pas qu'il y ait quelqu'un qui ne sache pas « ce qui est ». Il n'y a tout simplement personne qui soit là pour connaître quoi que ce soit dès le départ.

Q: *Est-ce comme vivre une pure expérience, mais sans l'histoire?*

A: Ce n'est pas même une expérience. Vivre une expérience, c'est encore connaître, c'est savoir en apparence que je suis quelque chose qui fait l'expérience d'autre chose. L'inconnaissance, c'est ne pas faire d'expérience du tout, ni de soi, ni de quoi que ce soit d'autre. Il n'y a ni « ici », ni « là ».

Q: *Qu'y a-t-il de mal avec l'expérience?*

A: Il n'y a rien de mal avec l'expérience, ce n'est simplement pas réel. D'ailleurs, faire l'expérience de ne pas être réel, n'est pas un problème non plus. Toute expérience est simplement ce qu'elle est.

Lâcher prise

Q: Il y a des gens qui disent que la libération c'est comme vivre dans un « lâcher-prise ».

A: Oui, mais ce n'est pas un état personnel. Il ne s'agit pas de quelqu'un qui humblement lâcherait prise. « Lâcher prise » c'est la réalité naturelle pour ainsi dire. Tout est déjà relâché, en tant que manifestation sans entrave de ce qu'il arrive en apparence. C'est « cela-même » et c'est tout ce qu'il y a.

Q: Mais je ne peux pas lâcher prise?

A: Oh, non, il n'y a personne qui doive ou puisse même lâcher prise. C'est encore une fois l'idée d'une réalisation personnelle qui viendrait s'ajouter à ce qui est. Vous rêvez d'un état de lâcher-prise dans l'illumination. Oubliez cela, ça n'existe pas.

Q: Mais pourquoi est-ce si populaire?

A: Comme toute méthode, il semble que cela fonctionne parfois. Quand vous êtes préoccupés par un problème, il se peut qu'un lâcher-prise se produise et que vous ayez le sentiment d'être à la source de cette merveilleuse expérience de relâchement. De façon indirecte, vous en déduisez que la libération est une expérience plus radicale de « lâcher prise ». Vous présumez qu'il s'agit aussi d'une expérience, comme si vos petites expériences de « lâcher-prise » pouvaient aboutir au « grand lâcher-prise final ». Ce n'est jamais que tourner en rond dans le « monde rêvé » de la personne. L'expérience de stress est remplacée par une expérience de relâchement, mais cette expérience demeure prisonnière du « moi ».

Q: Qu'est-ce que la libération alors?

A: La libération c'est quand la vie lâche prise de vous, quand la vie en a assez de vous et de vos souffrances (rires). Il est clair alors qu'il n'y a jamais eu personne qui « s'accrochait » à la vie et que tout est déjà sans limites.

Q: « Tout »?

A: En réalité, il n'y a pas de « tout ».

Une plénitude non désirée

Q: Quand je vous entends dire qu'il n'y a pas d'expérience, cela me semble plutôt mort et ennuyeux en comparaison avec ce à quoi j'aspire.

A: Oh, oui, vous avez raison, la mort n'est pas attrayante pour le « moi ». Pourtant, dans la configuration de l'expérience, la libération ce n'est rien d'autre que la mort du « moi ». Pour le « moi », faire l'expérience de quelque chose », c'est « être vivant ». C'est pourquoi la fin de l'expérience n'est pas attrayante du tout.

Q: Hum, oui.

A: Je ne dis même pas que vous devriez vouloir la libération. Le « moi » ne veut pas mourir, voilà tout!

Q: Mais il veut la plénitude…

A: En réalité, il veut une expérience de quelque chose dont il pense qu'elle lui donnera la plénitude.

Q: Oui, c'est vrai.

A: Tout ce que veut le « moi », c'est être là pour, espère-t-il, faire l'expérience de la plénitude. Avant cela, il est entièrement occupé à vouloir survivre. Mais ce qui lui importe le plus, en second lieu, c'est sa quête, car il ne veut pas porter le blâme de ne pas en avoir fait assez. Vous vous contenteriez, vous de faire seulement appel à la grâce? (rires)

Ni présence – ni absence

Q: Y a -t-il quelque chose comme la libération ou pas?

A: Dans l'histoire, il semble bien qu'il y ait quelque chose comme la libération, mais ce n'est pas une expérience réelle. La libération, ce n'est pas un état que l'on puisse atteindre ou accomplir. Les états n'ont en eux-mêmes aucune réalité. La libération, c'est quand il devient évident, ou plutôt non, c'est quand l'illusion selon laquelle vivre c'est faire l'expérience de quelque chose s'évanouit d'elle-même. De façon assez surprenante, il devient clair dans cette dissolution que cette expérience n'a pas eu lieu dès le départ. Il n'y a jamais eu de séparation et il n'y a jamais même eu de doute à ce sujet.

Q: Alors, vous n'avez plus de questions?

A: Non, pas vraiment. Il peut y avoir des questions fonctionnelles, mais il n'y a personne qui espère un quelconque accomplissement de soi dans la réponse. Quand il y a une énergie dédiée à la quête, il y a au cœur du questionnement l'attente d'une expérience de délivrance générée par la réponse. Le moi apparent pense avoir trouvé dans ce moment de plénitude quelque chose de réel et de permanent, et il pense avoir ainsi fait un pas de plus vers la réalisation personnelle. Tout cela n'est pourtant qu'un rêve illusoire. Il ne saurait y avoir de réalisation personnelle pour la simple raison qu'il n'y a personne.

S'interroger, c'est déjà « cela », même s'il n'y a rien qui s'accomplisse dans les réponses. On pourrait tout aussi bien dire que tout est déjà accompli, dans les questions comme dans l'absence de réponse, mais cela est occulté par l'énergie de la quête.

Q: Pourquoi n'y a -t-il pas de réponse?

A: Il n'y a pas de réponse, parce qu'il ne se passe rien au départ. Les questions et les réponses peuvent advenir, elles ne sont pourtant que ce qu'il arrive déjà en apparence. Elles ne se réfèrent pas à quelque chose qui se produise véritablement.

Q: Y a-t-il même quelque chose qui se passe?

A: Non, il ne se passe rien.

Q: Hum. Mais comment pouvez-vous dire cela?

A: Eh bien, je ne peux pas le dire, pourtant c'est la réponse qui me vient. Une autre façon de l'exprimer, ce serait de dire que je suis mort. Les réponses proviennent de cette mort apparente. Écoutez, c'est toujours ce qu'il se passe en apparence. Il n'y a rien « d'autre » que cela.

Q: Êtes-vous en train de dire que vous êtes dans un autre lieu? Dans l'illumination?

A: Non, je ne dis pas cela. La libération, c'est un non-lieu, pour ainsi dire. Il n'y a personne qui fasse l'expérience de soi comme étant quelque chose ici et maintenant. Dans l'histoire, « je » suis mort.

Q: Et moi non ?

A: Eh bien, c'est ce qu'il paraît en tout cas: « vous » affirmant que vous êtes quelqu'un. De mon côté, il n'y a rien de tel.

Q: Mais n'avez-vous pas dit qu'il n'y avait personne?

A: Oui, en effet, mais c'est seulement ce qu'il arrive en apparence. Pour être honnête, cela ne provient pas d'une expérience que ferait la conscience. Mes réponses sont des réponses directes en apparence. Il n'y a pas une conscience antérieure à partir de laquelle j'affirmerais qu'il y a un certain état dans lequel je suis. Il n'y a tout simplement personne.

Q: Mais ne dîtes-vous pas qu'il n'y a personne de votre côté?

A: Eh bien, oui et non. En un sens c'est ce qu'il se passe apparemment, toutefois cela ne vient pas d'une expérience. La libération, ce n'est pas la conscience qu'il n'y a personne. Il n'y a personne de mon côté tout comme il n'y a personne du vôtre. Quand je me réfère au fait qu'il n'y a personne, je ne me réfère pas à un autre état. Le moi apparent peut présumer que je me réfère à une autre circonstance parce qu'il fait l'expérience de sa propre présence comme étant une circonstance réelle. À m'entendre parler de « non-moi », il présume que je parle d'une autre circonstance pour ainsi dire opposée. Ces deux circonstances seraient la présence et l'absence. Pourtant, il n'y a rien qui soit présent au départ. Le dilemme apparent dans lequel vit cette présence – en cherchant la complétude – ne trouvera pas sa solution dans la découverte d'une autre circonstance appelée absence. Toute ces représentations de la présence et de l'absence, du « moi » et du « non-moi », n'ont de sens que pour la présence présumée. La présence du « moi », ma présence, n'est pas une circonstance réelle et l'absence du moi, mon absence, n'est pas une circonstance réelle non-plus. C'est pour cela que toutes les religions et toutes les traditions échouent fondamentalement. S'il n'y a pas de « moi », tous ces efforts pour transcender le « moi », tout ce questionnement intérieur pour chercher à trouver et à comprendre ce qu'est le « moi » sont futiles. Cela tient le moi apparent occupé dans sa quête. Non pas qu'il puisse faire autrement, c'est ce qu'il fait de toute façon. C'est sa fonction pourrait-on dire. Pourtant, dans cette investigation, il semble qu'il ait des réalisations intérieures, qu'il en vienne à des conclusions, qu'il fasse l'expérience de la clarté et autres expériences de ce genre. Le « moi » peut bien avoir le sentiment d'être en route et parfois même d'aboutir, pourtant, il tourne en rond, tourbillonnant pour ainsi dire dans une « réalité rêvée ». Jamais le « moi » ne trouvera de vraies réponses et jamais il ne pourra être découvert. Jamais le « moi » ne pourra être compris et jamais il ne pourra être tué. Quand je dis que « je » suis mort, ce n'est jamais qu'une histoire. Personne n'a jamais vécu et personne ne vit même, qui pourrait alors s'en aller?

Q: Hum. Mais qu'est-ce alors que la libération?

A: La mort du « moi » et une histoire.

La conscience

Q: Andreas, vous dîtes parfois qu'il n'y a pas de conscience. Je ne crois pas que ce soit vrai, surtout quand vous dîtes que c'est en réalité tout ce qu'il y a.

A: Oui, d'accord, en un sens il y a conscience, toutefois ce n'est pas quelque chose. Il n'y a pas d'expérience de la conscience et il n'y a personne qui fasse l'expérience de soi-même comme conscience. C'est juste ce qu'il se passe en apparence, toutefois, comme pour tout le reste, ce n'est pas encombré par l'expérience d'être cela.

Q: Il s'agit d'une conscience impersonnelle alors?

A: Oui, on pourrait le dire.

Q: Pourquoi dîtes-vous, « On pourrait le dire »?

A: Parce qu'il y a toujours quelque chose qui s'appelle la conscience. Cela reste différent – en apparence, bien sûr – de ce que disent les soi-disant enseignements de la pure conscience, qui affirment que vous êtes pure conscience par contraste avec ce dont la conscience est consciente.

Q: *Ah, je comprends.*

A: Ces enseignements sur la conscience parlent aussi de conscience impersonnelle. Ce à quoi ils se réfèrent, c'est l'expérience d'être la conscience en tant que seule réalité, alors que tout le reste n'est qu'une apparence qui arrive pour cette conscience. Cette configuration, c'est simplement « Je suis », contemplant sans l'histoire personnelle. Dans la perspective de « mon » message, il s'agit toujours d'une conscience personnelle. Elle semble impersonnelle pour la simple raison qu'il n'y a pas d'histoire personnelle qui tourne pour ainsi dire.

Q: *Mais on entend cela assez fréquemment.*

A: Oh, oui. C'est souvent de cela qu'il s'agit quand on parle de spiritualité. Le moi apparent découvre qu'il n'est pas son histoire, mais seulement « la conscience impersonnelle ». En un sens, il a même raison: le « moi » est conscience ou plutôt une expérience de n'être que conscience. C'est cela, la séparation.

Q: *C'est pourtant une expérience agréable.*

A: Oui et non. En fait, ce n'est agréable que pour un temps. Au début, c'est très relaxant parce que c'est une libération de l'histoire personnelle. Soudain, il n'y a plus de pensées au sujet de ma vie, de mon partenaire, de mes gosses, de mes succès et de mes problèmes. C'est merveilleux! Tôt ou tard, pourtant – en réalité plutôt tôt que tard – cela devient un peu désagréable, soit que l'on s'ennuie, soit que l'on entre dans un état d'agitation. C'est pourquoi l'attention quitte l'expérience d'être seulement conscience pour réintégrer l'histoire personnelle.

Q: Est-ce inévitable.

A: Oui, c'est inévitable. Une des idées de la spiritualité, c'est que vous pouvez consciemment sortir de l'histoire pour revenir à la pure conscience, vous connaître comme pure conscience et finalement apprendre à vous y établir. Cela peut même fonctionner semble-t-il. Il reste portant que demeurer comme quelque chose est un état qui nécessite un effort.

Q: Cela peut-il devenir de plus en plus facile?

A: Quoi donc?

Q: De demeurer comme cela?

A: On peut en tout cas avoir l'impression que cela devient plus facile. Il reste cependant qu'il faut toujours qu'il y ait un « je » qui le fasse pour en faire l'expérience. C'est juste une affaire personnelle. En apparence, bien sûr.

Q: Pourquoi dîtes vous en apparence?

A: Il se peut que cela se produise, mais c'est impersonnel aussi, aussi réel qu'irréel. Il en est ainsi pour tout ce qui apparaît.

La conscience absolue

Q: Y a-t-il quelque chose comme la conscience absolue?

A: Non, il n'y a pas quelque chose comme la conscience absolue, il y a ce qui n'est pas quelque chose comme conscience apparente. On pourrait appeler cette conscience « la conscience absolue » parce qu'elle n'est pas limitée par une expérience personnelle. Mais, comme tout le reste, elle est seulement ce qu'il arrive en apparence. Elle n'est ni immobile, ni en mouvement et elle n'est localisée nulle part. On ne peut en faire l'expérience.

Q: Et qu'en est-il des descriptions de l'expérience absolue?

A: Eh bien, si elle est absolue, je ne l'appellerais plus une expérience. Ce qui est est absolu et vide de toute chose, mais loin d'être mort cependant. En fait, c'est plutôt vivant. Je suppose que c'est pour cela qu'on peut l'appeler « l'expérience absolue ». Il n'y a pourtant personne qui fasse l'expérience de quoi que ce soit.

Joie

Q: Où est la joie dans tout cela?

A: La joie dans tout cela provient du fait que la configuration personnelle est illusoire. Tous les paramètres dans lesquels le « moi » croit vivre une vie séparée ne sont pas réels. Et cela, c'est la joie même.

Q: Oui, j'ai l'impression que pour le « moi » la vie est une chose très sérieuse.

A: Oh, oui. Pour le « moi », sa vie, son chemin, son aspiration profonde et ses tentatives pour être libre sont terriblement sérieux et porteurs de sens. Pour le « moi » tout est réel semble-t-il.

Q: Cela paraît bien lourd.

A: Pour le « moi » la réalité est un fardeau. Un « maître » spirituel pourrait d'ailleurs suggérer que vous allégiez votre fardeau en suivant les bonnes consignes. Il y a toujours dans ces enseignements la promesse que l'on peut y parvenir de quelque manière. « Mon message » ne propose rien de la sorte à la personne, mais il suggère que toute la configuration dans laquelle la personne existe en apparence, avec toutes les conséquences qui s'ensuivent pour elle, n'est qu'illusion. Voire les illusions se défaire, c'est joyeux en apparence. Il n'y a rien à trouver car il n'y a personne qui soit séparé. C'est une bonne nouvelle je crois.

Q: Mais je veux y parvenir.

A: C'est encore et toujours le rêve. Vous êtes encore dans une histoire d'enseignement, de voie à suivre… Toute personne qui prétend vouloir vous guider vous parle de quelque chose que vous êtes censé atteindre. Et cela vous situe de nouveau dans la configuration personnelle, à courir après quelque vaine promesse. Jamais vous ne comprendrez ce qu'est la vie car la vie n'est pas une chose que l'on puisse saisir. Toute ces histoires qui veulent que l'on aboutisse quelque part font partie du rêve. Cela n'est tout simplement pas nécessaire. La vie est déjà là et il n'est nul besoin de s'en emparer, elle est toujours déjà elle-même.

Pas d'illusion

A: Toute l'idée qu'il y ait une illusion fait partie de l'illusion. S'il n'y a pas de « Je », cela signifie aussi qu'il n'y a pas d'illusion. Vous n'avez pas besoin de vous réveiller de quelque chose ou de traverser progressivement les multiples couches de l'illusion. Il n'y a tout simplement pas de « Je et il n'y a pas non plus d'illusion du « Je ».

Q: Cela veut-il dire que je peux simplement vivre ma vie?

A: C'est déjà le cas. C'est une illusion qu'il y ait un « vous » qui le fasse et un « vous » qui puisse se laisser aller « à partir de maintenant », ou quelque chose comme ça.

Q: Hum. Mais en quoi cela m'aide-t-il?

A: En rien, ou du moins pas dans le sens où vous vous y attendiez.

Q: Et pourquoi donc?

A: Eh bien, celui qui s'attend à recevoir de l'aide est dans l'illusion. Cela ne veut pas dire que le « moi » existe en tant qu'illusion, cela veut simplement dire qu'il n'y a pas de
« moi ». « Pas de moi » signifie qu'il n'y a pas d'illusion. Toutes vos pensées et tous vos sentiments sont ce qu'il se passe en apparence. S'ils ne sont pas pleinement réels, ils ne sont pas pour autant une prison dont il faudrait vous évader. Ils sont ce qu'ils sont, complets en eux-mêmes.

Q: Mais qu'en est-il de tous ces enseignements et de tous ces chemins spirituels?

A: Eh bien, il se réfèrent tous à une personne qui n'existe pas pour la guérir d'une séparation qui n'existe pas non plus.

Q: Tous ces efforts pour se sortir de l'illusion...

A: Oui, c'est un labeur constant et tous ces efforts ne font apparemment qu'en créer davantage. Le « moi » ne se quitte jamais lui-même. Dès lors qu'il y a l'illusion du « moi », il y a aussi l'illusion qu'il y a une illusion dont il faut se libérer. C'est inévitable.

Q: Hum.

La connaissance

Q: Andreas, il y a un moment que je vous écoute et quand une question survient, je pourrais presqu'y répondre moi-même.

A: Oui, c'est vrai. Vous m'avez beaucoup entendu et maintenant vous connaissez toutes les réponses. Il n'y a personne, voilà ce que je dis fondamentalement.

Q: Oui, c'est vrai. Et maintenant?

A: Et maintenant? Rien, bien sûr. Tout cela est parfaitement inutile. Vous savez tout et pourtant rien n'est arrivé. C'est vide. Tout ce que je dis est vide. Il n'y a rien à en tirer. Vous savez tout et vous n'êtes toujours pas satisfait. C'est cela le « moi ». Il n'y a rien à connaître, parce qu'il n'y a tout simplement pas de réalité qui puisse être connue, rien dont vous puissiez vous saisir. C'est là qu'apparaît le concept de renoncement. Toute cette connaissance n'a pas abouti. Quoi maintenant? Ah! il n'y a nulle part où aller. C'est cela le « renoncement » pourrait-on dire.

Les écritures

Q: Vous savez, ce que vous venez de dire, je l'ai lu à plusieurs reprises dans d'anciennes écritures: « Ni libération, ni servitude ». Mais c'est la première fois que j'en comprends la signification.

A: Ah, génial! Eh bien oui, cela a été dit souvent et depuis fort longtemps. Ce que je dis n'est pas nouveau. Mais, ce n'est pas une répétition de paroles entendues. Je ne transmets pas une connaissance qui serait consignée dans d'anciennes écritures, bien que cela ait déjà été dit dans le passé. Je n'ajoute rien de nouveau cependant. Il n'y aura jamais rien de nouveau.

Q: N'est-ce pas nouveau à chaque instant?

A: Non, ce n'est pas nouveau. C'est complet en soi, au sens où rien ne manque et, pour cette raison, c'est toujours frais et neuf. Comme c'est inconnaissable, on peut dire aussi que c'est une aventure. Pourtant ce ne sera jamais nouveau au sens où quelque chose pourrait y être ajouté. Ce qui est est intemporellement naturel et ordinaire.

Q: Il ne se passe rien?

A: Non, il ne se passe rien.

Q: C'est un peu plat.

A: C'est sans dimension.

Q: Oui d'accord... Vous savez, c'est très différent de ce que j'imaginais, étonnamment. Cette histoire de « ni libération, ni servitude » paraissait tellement abstraite. Je n'avais aucune idée de quoi il s'agissait. J'imaginais que c'était une connaissance très élevée que jamais je n'atteindrais.

A: Eh oui, c'est la perception qu'a le « moi » de la réalité naturelle: abstraite, lointaine, quelque chose d'autre, quelque chose d'inatteignable. Cette dernière affirmation n'est pas sans vérité d'ailleurs car ce dont nous parlons c'est précisément « ceci »: être assis dans cette pièce à avoir cette conversation. C'est tellement naturel, tellement « concret » et comme il n'y a là rien à atteindre, il n'y a ni servitude, ni libération. C'est le moi apparent qui vit dans l'abstraction. Il s'abstrait d'être assis dans cette pièce et, en faisant cela, il s'abstrait de ce à quoi il ne manque rien. En étant seulement « moi », c'est le « moi » lui-même, l'abstraction. Il n'y a que le « moi » qui fasse l'expérience de soi-même comme être séparé. Ni la chaise, ni la pièce, ni aucune pensée ne font l'expérience de soi comme étant quelque chose. Pas même le corps ne vit cette expérience de séparation. Il n'y a que la conscience de soi illusoire qui vive dans l'illusion d'être quelque chose de séparé, quelque chose de conscient précisément. Ce quelque chose de conscient ne rencontre jamais la réalité naturelle, si ce n'est, bien sûr, parce qu'il est, lui aussi, la réalité naturelle.

Q: Que voulez-vous dire par là?

A: Eh bien, l'illusion d'être quelqu'un, c'est aussi ce qui est en apparence. Il n'y a personne qui en fasse l'expérience non plus. En ce sens, c'est tout aussi inconnaissable et hors d'atteinte de l'expérience consciente que tout le reste.

Q: Ce n'est pas séparé?

A: Non, ça ne l'est pas. Rien n'a d'existence séparée. L'illusion d'être quelqu'un n'est pas quelque chose qui advient et qui pourrait être identifié comme tel. Personne n'identifie l'illusion comme étant illusion. L'illusion, c'est aussi ce qu'il se passe en apparence; elle aussi est simplement ce qu'elle est.

Q: Ouah, c'est vraiment incroyable!

A: Oui, c'est incroyable. Il n'y a ni voie d'accès, ni porte de sortie, ni mouvement, ni repos.

Sommeil profond

Q: Que se passe-t-il avec le sommeil profond? Y a-t-il une connexion entre la libération et le sommeil profond? J'ai entendu dire que nous sommes ce que nous sommes dans le sommeil profond et il semble bien qu'il y ait une connexion.

A: Oui, il n'y a pas d'expérience dans le sommeil profond. Et la libération, c'est quand il n'y a pas d'expérience non plus à l'état de veille. Habituellement, il y a quelqu'un qui se réveille le matin. De même lorsqu'on rêve, il y a quelqu'un qui vit l'expérience du rêve.

Q: La libération, est-ce un peu comme de se réveiller d'un rêve qu'on ferait la nuit?

A: Non, pas vraiment. Tant qu'il y a la personne, il y a quelqu'un qui fait l'expérience du rêve. Lorsque l'on passe du rêve nocturne à l'état de veille, c'est comme si l'on passait d'une expérience à une autre. Tout se passe dans la présence consciente. Il semble donc que la libération soit plus proche du sommeil profond où il n'y a personne qui fasse l'expérience de quoi que ce soit. Le dilemme vient de ce que la conscience elle-même est une « réalité rêvée ». La libération, ce n'est pas se réveiller d'un état pour passer dans un autre. C'est la fin de l'illusion de la conscience de soi comme étant quelque chose qui existe. La libération, en ce sens, ressemblerait plutôt à s'endormir le soir pour ne pas se réveiller le matin qu'au passage du rêve dont on fait l'expérience la nuit au rêve éveillé dont nous faisons l'expérience le jour.

Q: Et que se passe-t-il pour vous le matin?

A: Il ne se passe rien pour moi le matin.

Q: Vous ne vous réveillez pas?

A: Non, je ne me réveille pas. Les yeux s'ouvrent et le fonctionnement se produit; il n'y a pas l'expérience surajoutée de quelque chose qui se réveille. Quand il y a la personne, il y a l'illusion que quelqu'un se réveille le matin. Pourtant, rien ne se réveille. C'est tout simplement un rêve.

Q: Y a-t-il une différence entre le sommeil profond et l'état de veille?

A: Non, il n'y en a pas.

Q: Est-ce la même chose alors?

A: Non, ce n'est pas non plus la même chose. Il n'y a rien qui fasse l'expérience d'une différence entre le sommeil profond et l'état de veille, mais il n'y a rien non plus qui fasse l'expérience de ces états comme étant un seul et même état. Comme il n'y a rien qui fasse l'expérience de se réveiller le matin, il n'y a aucune rupture avec ce qu'il se passait avant. Il n'y a rien qui soit présent pour faire l'expérience de quoi que ce soit. En ce sens, il n'y a ni sommeil profond, ni état de rêve, ni état de veille.

Q: Mais ne pourrait-on pas dire que tout ce qu'il y a, c'est le sommeil profond?

A: Tout ce qu'il y a, c'est ce qui n'est pas quelque chose. De toute évidence ceci, être assis dans cette pièce à avoir cette conversation, n'est pas le sommeil profond. Pourtant, il n'y a pas plus d'expérience de cela qu'il n'y a d'expérience du sommeil profond. Ceci est tout aussi inconnaissable que le sommeil profond. Il n'y a donc aucune affirmation qui soit vraie à ce sujet.

Q: Hum.

A: Ce dont nous parlons, c'est ce qu'est le sommeil profond: ce qui n'est pas rien, mais n'est pas non plus quelque chose. Nous parlons de cette « non-chose » apparaissant comme le sommeil profond, de cette « non-chose » apparaissant comme le rêve nocturne, de cette « non-chose » apparaissant comme étant assise dans cette pièce. Il n'y a aucune expérience de ces apparences qui permettrait de dire que ce sont des états différents. Ils sont tous intemporellement ce qui n'est pas quelque chose. Ils n'existent tout simplement pas.

Q: Mais alors il n'y a de conscience nulle part?

A: Il y a une conscience apparente, mais elle n'est pas réelle.

Q: Il y a des gens qui disent que la conscience est présente dans le sommeil profond.

A: Peut-être, peut-être pas. Pour être honnête, je n'ai entendu de telles affirmations qu'à l'état de veille et elles semblaient toujours provenir d'une conclusion. Personne n'a jamais fait de rapport à ce sujet pendant son sommeil. Quoiqu'il en soit, la libération n'est pas le sommeil profond, pas plus qu'elle n'est l'affirmation selon laquelle il y aurait encore quelque chose de présent dans le sommeil profond.

Q: Peut-on dire que la liberation transcende ces trois états?

A: Oui et non. La transcendance peut être comprise comme une autre expérience. Ces états n'existent tout simplement pas.

Absence du mental

Q: Il y a de nombreux « maîtres » qui disent qu'il faut laisser les pensées de côté pour devenir libre.

A: Ah, oui. Laisser les pensées n'a cependant rien à voir avec la libération.

Q: Ils parlent de l'absence du mental.

A: Oui, c'est le modus operandi de la plupart des enseignements spirituels: le mental ou son absence, ce qui signifie être avec ou sans pensées.

Q: C'est toujours le « moi »?

A: Oui, bien sûr. Qui sort des pensées si ce n'est le « moi »? Et qui pense que c'est une meilleure experience d'être sans pensées plutôt qu'avec pensées? C'est encore le « moi » qui cherche quelque chose. C'est pour cela d'ailleurs que vous êtes censé le faire consciemment. Et comme il ne suffit pas de le faire une seule fois, on vous invite à le faire encore et encore. Tout ça, ce sont des histoires destinées au « moi » qui croit qu'il est sur un chemin.

Sans les pensées

Q: Pourquoi y a-t-il tant d'enseignements qui recommandent de demeurer sans pensées?

A: Eh bien, parce que l'on a pu observer que les pensées engendrent des sentiments. Comme le « moi » veut éliminer certains sentiments qu'il estime peu enviable, il pense que pour s'en libérer, il lui faut consciemment ne pas penser, ou apprendre à n'avoir que les pensées qu'il faut. Il s'efforce de résoudre un problème qui n'existe pas : il y aurait de « mauvais sentiments ». En réalité, il n'y a pas de mauvais sentiments.

Q: Il n'y a pas de mauvais sentiments?

A: Non, pas du tout. Pour la personne qui en fait l'expérience, il semble qu'il y ait de vrais sentiments, des sentiments auxquels elle attribue une signification. Dans la libération, il y a des sentiments qui apparemment se produisent, mais personne ne se les approprie.

Q: Mais qu'y a-t-il de si intéressant à laisser les pensées?

A: Comme je l'ai dit, en quittant son histoire personelle pour un moment, on peut assez facilement avoir une expérience de relâchement. C'est comme de prendre un break de sa vie et de son histoire personnelle. Cela peut être relaxant pour un temps, au moins jusqu'à ce que vous réintégriez votre histoire. Certains « maîtres » affirment même que vous pouvez apprendre à sortir de votre histoire encore et encore. Mais cela ne fonctionne pas vraiment. Tôt ou tard, vous retournez à votre histoire, et ce n'est pas mauvais en soi. Tout cela est basé sur la présupposition que les pensées et les histoires sont réelles et qu'elles sont un vrai problème.

Vous ne pouvez quitter votre histoire, pour la simple raison qu'elle n'existe pas. Il n'y a rien que vous puissiez laisser derrière et il n'y a nulle part où aller. Toute ces divisions entre les pensées, les sentiments, celui qui vit l'expérience et ce qu'il se passe dans l'expérience sont illusoires. Vous pouvez bien creuser en vous-mêmes pour venir à bout d'une réalité divisé, il n'y a pourtant aucune division qui soit réelle. Tout cela vient d'un positionnement personnel: le « moi » est convaincu qu'il n'est qu'une partie d'un tout et que les pensées et les sentiments sont d'autres parties pour ainsi dire indépendantes. Il cherche une expérience de liberté au sein d'une apparence qui est en réalité indivisible. C'est sans fin.

Il y a des écoles entières qui se sont constituées autour de cette idée qu'il faut demeurer sans pensées. Elles essayent toutes d'échapper à « ce qui est » par la réalisation d'un état de liberté personnelle. Il est d'ailleurs toujours question d'être libre de quelque chose: libre de sentiments, libre du mental, libre de pensées. Et il s'agit toujours d'une liberté de la personne, bien sûr. C'est futile et ce n'est pas nécessaire. Ce n'est jamais que tourner en rond dans une réalité qui n'existe pas.

Q: Que suggérez-vous alors?

A: Ce que je suggère? Mais rien bien sûr. Quelle recommandation pourrais-je faire à un « moi » qui n'existe pas. Il n'y a personne. Toutes les tentatives pour vous rapprocher d'un tel état font partie du rêve. Il n'y a pas de « vous » qui soit séparé. Comment diable voulez-vous vous rapprocher quand il n'y a personne qui soit séparé en premier lieu! Oubliez ça! Vos demandes de solutions proviennent d'un positionnement illusoire dans un monde tout aussi illusoire. Il n'y a ni « Je », ni parcours personnel. Il s'ensuit que je n'ai aune suggestion à vous faire.

Q: Hum.

A: Hum, en effet (rires)

A: La libération est une illusion. Il n'y a rien de tel. Il n'y a pas de « Je », qui soit endormi et qui doive se réveiller. Il y a tant de cours, d'ateliers, de séminaires, de livres, d'idées et d'enseignements qui soutiennent l'idée qu'il y a une personne qui peut devenir quelque chose. C'est un véritable cirque!

La peur

Q: Il y a parfois une peur terrible de la mort, mais il me semble aussi parfois que je veux vraiment cela. La libération n'est-elle pas aussi attrayante pour le « moi »?

A: Eh bien oui, elle l'est. Cette énergie de l'absolu, cette parfaite liberté est très attirante pour le « moi ». Il en a une profonde nostalgie, mais plus il s'en approche, plus il réalise qu'il n'y survivra pas. C'est tout le dilemme du « moi ».

Q: De quoi a-t-il besoin pour franchir le pas?

A: Oh, non, il n'y a pas de pas à franchir. Toute cette impression d'être quelque chose de séparé est illusoire. Toute cette configuration qui veut que nous soyons des êtres séparés jouissant d'une existence autonome, mais voués à disparaître fait partie du rêve. Il n'y a rien de tel.

Q: L'illusion ne se terminera-t-elle donc jamais?

A: Eh bien, en réalité rien n'a véritablement de fin.

Q: Comment ça?

A: Oui, rien ne se termine vraiment jamais. Et il n'y a pas non plus d'illusion qui doive cesser. C'est là toute la beauté: à la fin, il ne se passe rien. À la fin rien ne change et rien n'avait besoin de changer. Tout cela, n'était qu'une illusion. Le moi apparent attend quelque chose, un point d'arrivée, une expérience de quelque chose arrivant à sa fin. Il présume que la libération est une expérience de la conscience réalisant que quelque chose est enfin terminé. Oubliez ça! Ce sont encore les histoires du « moi ». Il n'y aura jamais d'expérience finale. Dès le départ, il ne se passe rien.

Q: Est-ce comme de mourir encore et encore?

A: Non, ce n'est pas cela non plus. Il n'y a personne qui vive de moment en moment et il n'y a donc personne qui meure encore et encore. Ce qui est est intemporellement ce que c'est. Il n'y a ni mouvement, ni changement qui soit réel. Il n'y a pas de passage de la présence à l'absence, car l'expérience de la présence est déjà illusoire. Il ne se passera rien. Déjà il ne se passe rien.

Q: Êtes-vous en train de dire qu'être assis dans cette pièce, ce n'est pas quelque chose qui arrive?

A: Oui, exactement. Ceci n'est pas quelque chose en train de se produire. Cela apparaît apparemment.

Q: Quand vous dîtes que tout ce qu'il y a, c'est « cela-même », ce que vous voulez dire c'est qu'il n'y a que ce moment?

A: Non, il n'y a rien de tel que « ce moment ». Pour qu'il y ait l'expérience d'un moment réel, il faudrait qu'il y ait une conscience véritable qui soit consciente de quelque chose comme un moment. Mais cette conscience n'existe pas non plus. Ce message n'est pas un de ces enseignements qui se focalisent sur ce seul moment. Ceci, tout ce qu'il y a, n'est pas quelque chose dont je puisse être conscient. Quand vous faites l'expérience de ce moment, vous êtes déjà dans une configuration personnelle. Ce moment, c'est tout ce que le moi apparent possède, au sens où tout ce qu'il y a pour lui c'est son expérience présente. « Je fais l'expérience de quelque chose », c'est cela le rêve. C'est ce qui est déjà complet en soi apparaissant comme ce rêve, bien évidemment.

Illusion ou aveuglement

Q: Le « moi » est-il l'illusion.

A: Eh bien, oui, en un sens. Il ne faut pas croire cependant qu'il y ait quelqu'un qui soit maintenu dans l'illusion et qui puisse s'en réveiller. En fait, le sentiment illusoire de « Je suis » est ce qu'il arrive en apparence. Ce n'est pas mauvais en soi et il n'y a personne qui soit aveuglé par ce sentiment. C'est bien un rêve, mais pour personne, ce qui signifie qu'il n'y a personne qui doive ou qui puisse même s'en réveiller. Si le « moi » advient, c'est tout simplement ce qu'il arrive. En fait, il n'y a pas d'illusion véritable.

Q: Hum. Ma prochaine question, c'était comment se libérer de cette illusion?

A: Il n'y a pas d'illusion. Qu'il y ait une illusion fait déjà partie de l'illusion. Il n'y a rien qu'il faille surmonter et rien non plus qu'il faille perdre. Il y a des groupes spirituels entiers qui s'efforcent de tuer le « moi » ou de se réveiller du « moi ». Ils échouent tous parce qu'il n'y a pas de « moi » au départ.

Q: La spiritualité est un rêve?

A: En effet! Vous savez, toute cette idée que quelque chose doit encore se produire fait partie du rêve. Et tout ce dont parle la spiritualité ce sont les moyens à mettre en œuvre pour que quelque chose se produise. Tout cela est intentionnel, c'est là pour… Il s'agit toujours de créer des effets, de faire le pas, de progresser vers le réel. Tout cela est illusoire. Il n'y a personne qui soit sur un chemin.

Q: Je veux arriver à ce repos absolu.

A: Eh bien, cela n'est pas non plus immobile. « Ce qui est » n'est ni en mouvement, ni en repos.

Clarté

*Q: Andreas, merci beaucoup pour votre clarté. Je veux moi aussi
devenir aussi clair que cela.*

A: C'est une clarté apparente. Elle ne sert à rien et je n'en tire aucun
profit. Je ne me réfère pas à quelque chose qui doive encore être
réalisé ou doive encore être amené à l'existence. Ce à quoi je me
réfère c'est ce qu'il se passe déjà. La clarté est apparente parce qu'il
n'y a rien qu'il faille clarifier. C'est en ce sens qu'elle est totalement
inutile. Je ne peux en faire aucun usage. Apparemment, je suis
toujours comme je suis, en tant qu'humain, que l'on peut toucher, et
toute autre chose que je suis en apparence. Ceci – « Ce qui est » –
n'a pas besoin de clarté. En fait, ce n'est pas réel.

Q: Votre mort ne vous a -t-elle pas changé?

A: Eh bien, oui et non, mais pas de la manière dont le « moi »
pourrait le présumer.

Q: En quoi avez-vous changé?

A: Eh bien, il semble que les vieux traumas et les comportements
malsains ait tendance à disparaître d'eux-mêmes. Comme la
personne que les traumas cherchent à protéger n'est plus là, il semble
qu'ils se relâchent doucement et sans bruit pour finalement
disparaître. En un sens, cela se produit de façon organique et très
ordinaire. Il semble aussi que cela n'obéisse à aucune règle. Ce qui
arrive n'est ni prévisible, ni nécessaire. C'est l'autre côté de la
médaille pourrait-on dire: quand il n'y a plus personne, il n'y a aucun
besoin que quoi que ce soit disparaisse. C'est pourquoi, si cela doit
se produire, cela arrive librement et naturellement, pas comme le
résultat d'un travail conscient sur la personnalité, ce qui serait
désormais impossible.

Q: Et pourquoi est-ce impossible?

A: Parce que la libération c'est la fin de l'illusion qu'il y ait une entité consciente qui aurait une vie et qui pourrait agir en toute conscience dans le cadre de cette vie présumée.

Q: Vous ne travaillez pas sur vous-même alors.

A: Non, car il n'y a personne qui puisse le faire.

Q: Cela semble magnifique!

A: Eh bien oui, c'est magnifique. Mais pour personne. Et c'est très ordinaire aussi. Ce qui existe naturellement, c'est la magnificence même.

Q: Ouah!

Un non-enseignement

Q: Andreas, votre non-enseignement n'est-il pas au fond une autre forme d'enseignement?

A: Non, ce ne l'est pas. Le chercheur peut sans doute le voir comme ça. Il se peut qu'il présume qu'il s'agit d'un enseignement personnel proposant une nouvelle approche. Les gens croient qu'ils peuvent choisir tel chemin ou tel autre. « Ce weekend, je vais pratiquer un peu d'autoguérison et demain un peu de non-dualité. Tout cela me permettra de m'améliorer. » Il y a même des gens qui croient qu'ils peuvent choisir entre la « non-dualité radicale » et une version plus « soft » de la non-dualité. C'est tout un cirque.

Q: Mais n'essayez-vous pas de communiquer qu'il n'y a personne?

A: C'est peut-être ce qu'il se passe en apparence, mais non, je n'essaye pas de vous communiquer qu'il n'y a personne. Comment pourrais-je le faire puisqu'il n'y a réellement personne!

Q: *Mais il semble bien que ce soit cela qu'il se passe.*

A: Oui, le chercheur peut avoir cette impression. Mais le chercheur aura cette impression de toute façon. Quel que soit l'endroit où il croit aller, il présume que cela lui arrive pour une raison. Ce peut être aller au cinéma, ce peut être ne pas aller au cinéma, ou toute autre événement, peu importe. Cette croyance pourtant n'est pas une entrave. Le chercheur lui-même n'est pas un obstacle à sa mort apparente; sa présence apparente en revanche est une entrave à son absence apparente.

Q: *Parfois, j'ai l'impression que sans ces rencontres je n'aurais jamais plongé si profondément dans la quête.*

A: C'est amusant. Il y a même des gens qui m'accusent d'avoir inventé le « moi ».

Q: *Ne peut-on pas dire cela?*

A: Bien sûr que non. La plupart des gens qui viennent ici font déjà l'expérience d'eux-mêmes comme étant quelqu'un. Et quand il leur semble évident qu'il n'y avait en réalité pas de « moi » au départ, ils s'étonnent que je semble parler du « moi » et de sa quête.

Q: *Pourquoi le faites-vous alors?*

A: Oh, je ne le fais pas – ce qui est certain, c'est que cela n'arrive pas pour une raison.

Q: *Mais n'essayez-vous pas de détruire l'illusion du « moi »?*

A: Non, pas du tout. Il n'y a ni « moi », ni « illusion du moi » à détruire. Il y a juste ces paroles échangées. C'est complet en soi et en même temps c'est totalement vide. En ce sens, je ne dis rien du tout. Apparemment, cela produit une dynamique énergétique dans laquelle le moi apparent commence à se dissoudre. Il n'y a pourtant pas d'intention et cela n'est pas non plus réel.

Q: *Hum.*

A: Vous savez, cela n'a rien à voir avec le fait de comprendre ou avec notre conversation sur la façon dont l'illusion fonctionne.

Q: *Tout cela est inutile?*

A: Oui, complètement inutile. C'est parler de quelque chose qui n'est pas une chose. Tout ça au fond, ce sont des histoires. Il n'y a pas de « moi », et il n'y a pas non plus de fonctionnement du « moi ». S'il y avait quelqu'un, on pourrait faire l'impasse sur tout ça. Il y a cette présomption qu'un jour, vous arriverez quelque part. Mais jamais vous n'arriverez à destination. Il n'y a ni « vous », ni réalité dont vous puissiez faire l'expérience. Il n'y a pas de circonstances où vous puissiez arriver. En ce sens, c'est merveilleusement désespéré.

Q: *Pensez-vous que « l'illusion du moi » soit une nuisance ou pas du tout?*

A: Pas du tout. Il n'y a pas de « moi » et il n'y a pas non plus de réelle « illusion du moi ». Il n'y a donc rien que l'on puisse faire de toute façon.

Q: *Hum. J'ai toujours pensé que vous disiez que le « moi » était l'ennemi.*

A: Non, pas du tout. Le « moi » est simplement ce qu'il est, une apparente illusion. Le mot « illusion » peut bien avoir mauvaise réputation dans la réalité présumée du « moi », pourtant cela aussi fait partie de l'illusion.

Q: Mais ne dîtes-vous pas qu'il n'y a pas de « moi »?

A: Oui, il n'y a pas de « moi ». Pourtant, ce qu'il se passe, c'est que vous faites apparemment l'expérience de vous-même comme étant quelqu'un. Cela n'arrive pas vraiment car il n'y a pas une personne réelle derrière cette impression, pourtant c'est ce qu'il se passe apparemment.

Q: Je ne saisis pas.

A: Bien sûr que non. Qui est là, et pour saisir quoi? Il faudrait que vous soyez réel pour réelle saisir quelque chose.

Q: Mon Dieu!

A: Eh oui! (rires)

La bataille intérieure

Q: Parfois j'ai le sentiment qu'il y a en moi une bataille. Ce dont vous parlez paraît si évident, mais j'ai le sentiment que ce n'est pas complet. Je ne le comprends pas complètement.

A: Oh, oui, c'est ce qu'il se passe en apparence. Cela peut se produire quand vous entendez ce message. En un sens, ce dont il parle, cette liberté, est juste là dans l'air pour ainsi dire et pourtant il semble qu'il y ait toujours quelqu'un qui danse autour. Mais « vous » ne gagnerez jamais cette bataille. La personne apparente prend cette évidence apparente et elle en fait l'expérience comme s'il s'agissait

de sa propre évidence. Mais jamais la personne ne pourra se l'approprier. L'expérience de la
personne peut se résumer à des expressions comme « Ce n'est pas encore complètement évident » ou « Je ne suis pas encore tout à fait arrivé ».

Q: Oui, c'est comme si j'attendais depuis si longtemps déjà, comme si la liberté était à portée de main et que je n'y 'arrivais toujours pas.

A: La personne pense qu'elle atteint la liberation, quand elle fait sienne cette liberté. Mais la libération c'est quand il n'y a personne qui cherche à saisir ou à s'approprier quoi que ce soit.

En ce sens, la liberté ne sera jamais vôtre. Dans la libération vous aurez perdu la bataille; vous serez mort tout simplement (rires). Tout ce qu'il reste, c'est la liberté, ce qui a d'ailleurs toujours été le cas « avant ».

Q: Quoiqu'il en soit, ce ne sont pas de bonnes nouvelles.

A: Non, ce ne sont pas de bonnes nouvelles pour le « moi ». L'illusion de la quête, c'est que l'expérience de la séparation est remplacée par une expérience d'unité. Pourtant, cela n'existe pas. L'expérience elle-même, c'est vivre dans la séparation. La libération, c'est la mort de l'illusion de la séparation sans aucune substitution. La surprise, c'est que « ce qui est » est naturellement complet et n'a besoin d'aucune experience de
soi-même pour être complet. Cela n'a pas même besoin de faire l'expérience de soi comme quoi que ce soit. C'est absolument et totalement « cela-même ». Aussi peut-on dire que la libération, c'est comme s'endormir le soir.

Q: Que voulez-vous dire par « c'est soi-même »?

A: Il n'y a pas de réalité plus profonde qui soit cachée « quelque part

» dans « ce qui est ». Tout est naturellement soi-même. Rien n'a une connaissance réelle de soi-même et rien ne fait l'expérience de soi-même. Chaque arbre, chaque chaise, chaque sentiment, chaque pensée, toute chose est purement et totalement « cela-même ». La seule « chose » qui semble faire l'expérience de soi c'est l'illusion ne la conscience de soi, de la séparation et de la quête. Pourtant, même cela est purement et totalement « cela-même ».

Q: Et tout cela arrive, pour personne?

A: Oui, bien sûr. À la fin, cela n'arrive même pas. Qui en effet serait là au départ pour connaître quoi que ce soit!

Q: Et la bonne nouvelle alors?

A: La bonne nouvelle, c'est que la bataille ou plutôt… c'est qu'il ne se passe rien de tout cela. C'est ce qu'il se passe en apparence, mais pour personne. C'est ce qui est déjà complet en soi qui apparaît comme cela : une apparente bataille entre quelque chose et rien, une bataille qui n'est rien en elle-même, rien qui ne soit quelque chose.

Auteur-victime

Q: Andreas, il semble évident que nous ne soyons pas l'auteur de certaines choses, les battements du cœur par exemple, ou d'autres fonctions du corps. N'en est-il pas de même avec tout le reste, les pensées comme les actions?

A: On peut le dire en effet.

Q: Pourquoi ne peut-on pas le voir?

A: Parce que c'est encore « vous » voyant quelque chose en

apparence. Comprenez bien, toute ce questionnement a lieu dans une réalité qui n'existe pas. Il n'y a pas de « vous » qui fassiez l'expérience d'un corps séparé. Être l'observateur n'est qu'une expérience personnelle de plus. La personne fait l'expérience d'elle-même tantôt comme acteur, tantôt seulement comme témoin : « Je peux influer sur certaines choses, sur d'autres non. » Aussi, votre conclusion n'est-elle que le résultat d'un questionnement personnel.

Q: Oui, c'est juste.

A: Il y a de nombreuses traditions qui pointent vers l'un ou l'autre de ces positionnements comme étant le chemin vers l'accomplissement de soi. Certains disent que vous êtes le créateur de toutes choses et que vous pouvez ou bien faire tout ce que vous voulez ou bien influer consciemment sur les choses. Certains yogis par exemple veulent accomplir toute action consciemment: marcher, respirer, penser, ressentir et ainsi de suite. D'autres disent qu'il faut demeurer comme simple témoin et que cela vous apportera joie et bonheur. Il reste que ce sont là des états artificiels qu'il faudrait maintenir en permanence, ce qui échoue la plupart du temps. Cela échoue parce que ces positionnements ne sont pas réels en premier lieu. Il n'y a ni auteur, ni sujet de l'expérience. Il n'y a ni réalité à créer ou à influencer, ni circonstance réelle à observer. La promesse d'une perspective qui déboucherait sur la plénitude fait partie du rêve. Que l'on adopte le point de vue du créateur ou celui de l'observateur, que l'on opte pour la gratitude ou quelqu'autre posture, il n'y a nulle part où atterrir. Pourtant, agir et créer se produisent tout comme ne pas agir peut arriver aussi. Tout arrive en apparence, mais cela ne mène nulle part parce que tout est déjà complet en soi, tout est déjà accompli. Il n'y a personne qui puisse créer ou observer quoi que ce soit, personne qui puisse devenir libre. Cela est déjà libre. La vie est libre d'apparaître comme toute chose, quelle qu'elle soit. Tout ce qui apparaît est « cela-même », déjà.

Conscience versus conscience de soi

Q: Andreas, n'y a-t-il pas une fonction de la conscience qui soit à l'œuvre?

A: Oui, apparemment il y en a une. Il y a une conscience apparente, et il y a aussi une conscience d'être conscient apparente. Mais pour personne.

Q: Qu'est-ce que cela signifie? Vous dîtes toujours qu'il n'y a pas de conscience.

A: Il n'y en a pas. La fonction de la conscience, c'est ce qu'il se produit en apparence, tout comme la conscience d'être conscient et la perception. Toutefois, ce qui semble vivre dans la conscience ou plutôt ce qui semble vivre dans l'expérience de la conscience, de la conscience d'être conscient ou de la perception est une illusion. En ce sens, il n'y a personne qui soit conscient ou conscient d'être conscient. La conscience peut bien se produire en apparence mais elle ne peut être reconnue comme telle. Elle est aussi inconnaissable que tout le reste. Elle n'est ni plus importante, ni même réelle.

Q: Et qu'en est-il des sens?

A: C'est la même chose pour les sens: entendre se produit en apparence, voire également, et ainsi de suite. Tout cela n'est rien de plus que ce qu'il se passe en apparence.

Q: Mais pour personne?

A: Oui, pour personne, ce qui signifie qu'il n'y a pas d'expérience additionnelle qui en fasse quelque chose qui arrive à quelqu'un. La conscience de soi – être conscient de l'existence d'un soi – est illusoire. Il n'y a que cette conscience de soi qui vive dans une expérience consciente. Sans elle, la conscience est ce qu'il arrive en apparence, mais il n'y a personne qui en fasse l'expérience comme étant quelque chose de différent de quoi que ce soit d'autre. La conscience au fond, ce n'est pas différent d'avoir des bras ou des jambes par exemple. La différence entre Andreas étant conscient et une pierre inconsciente, ce n'est jamais que ce qu'il se passe en apparence.

Maya

Q: Andreas, êtes-vous familier avec le concept de « Maya »? C'est censé être la grande illusion. Pouvez-vous en dire quelque chose?

A: Je ne suis pas très familier avec le concept. Mais si vous tenez à utiliser ce terme, on pourrait dire que Maya, c'est le « moi ». Dans la perspective du « moi » tout est Maya. Tout ce que le « moi » connaît, c'est lui-même en tant que réalité artificielle dont il fait l'expérience. Il en est ainsi de l'existence du « moi »: faire l'expérience de la présence, c'est exister en tant que et à partir de ce seul point de vue. C'est cela Maya.

Q: Et le monde?

A: Il n'y a d'autre Maya que le « moi ». Le monde n'est pas Maya. « Ce qui est » n'est pas une illusion. L'illusion, c'est l'expérience que le « moi » en fait, mais même cela c'est une histoire. En ce sens, Maya n'existe pas. La présomption qu'il y ait Maya, c'est déjà Maya. Le concept de Maya est un concept dualiste. Il n'y a ni Maya, ni illusion.

Soyez là!

Q: Diriez-vous que même le conseil le plus simple est futile?

A: Oui, bien sûr. Certains « maîtres » suggèrent même d'être là, tout simplement. C'est un putain de travail d'être présent! Cette présence à laquelle ils se réfèrent est une illusion. Qui va faire cela? Qui va être présent? Quelle blague!

Q: Vraiment, vous n'enseignez rien? Que faisons-nous alors et de quoi allons-nous parler?

A: Je n'enseigne rien, en effet. Je ne suis pas ici pour vous apprendre quoi que ce soit. Toute l'idée qu'il y ait quelqu'un qui doive se réaliser est une illusion. Alors, qui a besoin de conseils?

Q: Le moi apparent en a besoin.

A: Oui, absolument. Pourtant, il n'y a personne.

Q: Qu'en est-il alors de ce « Soyez là, simplement! »?

A: Cela n'a pas de sens. Comme je l'ai dit, cette présence est illusoire. Être là tout simplement, ce n'est pas simple du tout. Cela peut paraître simple, et c'est pour cette raison précisément que cela suscite l'intérêt du chercheur. Pourtant, c'est une tâche insurmontable. Jamais vous n'y arrivez véritablement car il faut un effort quasi-permanent pour maintenir ce sentiment de présence artificiel.

Q: Mais cela peut être utile pour un temps.

A: Pas vraiment, dirais-je. Vous mettez toute votre énergie à être présent et, en faisant cela, vous retirez votre attention de vos problèmes et de votre histoire. Cela peut vous donner l'illusion d'avoir accompli quelque chose. Mais c'est complètement illusoire et cela demande beaucoup d'effort. Non que ce soit mauvais en soi, mais ce n'est pas la libération. La libération est sans effort: il n'y a plus personne qui fasse ou ne fasse pas quoi que ce soit.

Q: Parfois vous dîtes que c'est « en prise directe ».

A: Oui, tout est en prise directe: votre vie quotidienne, vos habitudes, vos problèmes, vos joies, vos traumas… Tout est en prise directe avec « ce qui est ». Comment pourrait-il en être autrement?

Q: Même celui qui en fait l'expérience?

A: Eh bien oui, si vous le voulez ainsi.

Q: Hum.

Il n'y a pas de création

Q: Parfois vous dîtes qu'il n'y a pas de création. Pouvez-vous préciser?

A: Eh bien, il n'y a tout simplement pas de création. Toute l'expérience qui veut qu'il y ait quelque chose qui existe provient de l'expérience personnelle. L'expérience « Je suis », c'est l'expérience d'être quelque chose qui existe maintenant ou plutôt quelque chose qui « est » et a été créé. De cette expérience surgit l'illusion que tout ce dont je fais l'expérience est aussi quelque chose qui est et a été créé. C'est l'expérience de « moi, ici maintenant » et simultanément du « monde au dehors maintenant » : Je suis quelque chose qui existe et il y a quelque chose d'autre qui existe en dehors de « moi ».

Que quelque chose ait été créé, ou que quelque chose soit né, c'est précisément cela le rêve. Sans cette impression, il ne reste que ce qu'il se passe en apparence. Il n'y a personne qui sache cela, personne qui reconnaisse cela ou qui enregistre cette information dans son esprit. La libération en ce sens, ce n'est rien d'autre que la fin de cette réalité artificielle. Dans la libération cette réalité n'est pas remplacée par une autre réalité. « Ce qui est », en tant que ce qu'il arrive, n'est pas un quelque chose, ce n'est tout simplement rien d'autre que ce qu'il arrive. « Ce qui est » est naturellement complet en soi; « ce qui est » c'est tout ce qu'il y a. Il n'y a ni processus de création ni expérience de quelque chose qui advienne dans « ce qui est ». Vu par le « moi », cela peut paraître assez plat et, en un sens ça l'est. Il n'y a aucune profondeur dans ce qui est, pas de vérité ou d'essence cachée. Il n'y a aucun processus de création impénétrable « en dessous », « derrière » ou « au-delà » de l'apparence. Ce qui est, ou plutôt ce qu'il se passe en apparence, est incréé. Ce n'est rien qui soit venu à l'existence.

Ceci, « être assis dans cette pièce », c'est le non-manifesté, incréé, ce n'est rien qui soit une chose. « Être assis dans cette pièce », c'est complet en soi, totalement satisfait d'être simplement et complètement « cela-même », ne cherchant rien car il ne manque rien. Il n'y a nul besoin d'une réalisation additionnelle car « être assis dans cette pièce » c'est tout simplement tout ce qu'il y a.

Toute idée ou recherche d'une réalisation additionnelle n'est que vaine agitation dans l'histoire personnelle du « moi » qui s'imagine réel, vivant dans un monde de choses réelles et espérant trouver un réel accomplissement. Tout cela, c'est le rêve. Il n'y a ni création, ni circonstances réelles dans l'espace et dans le temps et il n'y a personne qui devienne quelque chose. C'est aussi simple que cela.

Pourquoi?

Q: Andreas, pourquoi tenez-vous ces conversations?

A: Pour aucune raison. En réalité, je ne tiens pas ces conversations, elles sont ce qu'il se passe en apparence. Vous savez, ce message est disponible ailleurs. Vous l'entendrez ici et là, même s'il faut le plus souvent lire entre les lignes. Généralement, c'est assez difficile à saisir.

Q: Oui, mais saisir ce que vous dîtes n'est pas facile non plus.

A: Vous avez raison. Vous ne pourrez jamais le saisir. Mais ces paroles sont étonnamment directes aujourd'hui. Ce que nous connaissons du passé – je veux dire les écritures – est très mystifié et théologisé. Comme dans toutes les religions, le véritable message est difficile à trouver. Aujourd'hui, il suffit de dire: « C'est cela-même! », « Il n'y a personne! », « La spiritualité est une illusion. » C'est simple non! (rires)

Q: Mais pour personne.

A: Oui, bien sûr, pour personne. Mais cela n'est pas important C'est naturel. Il n'y a naturellement personne.

Q: Hum.

A: N'en faites pas toute une histoire. Il n'y a rien qui soit important là-bas, et il n'y a rien ici non plus.

Q: Karl Renz a dit: « Soyez ce que vous ne pouvez être ».

A: C'est une autre façon de le dire, mais vous ne pouvez pas faire cela non plus car c'est déjà ce qu'il se passe. « Ceci » ou ce qu'il se passe ne peut être différent de ce que c'est. Ce n'est ni opéré, ni influencé par autre chose. En réalité, il n'y a pas autre chose. Il n'y a rien que l'on puisse y ajouter et rien que l'on puisse en retrancher.

Q: Mais qu'est- ce donc?

A: « Ceci », c'est ce qu'il se passe en apparence. C'est complet en soi et c'est tout ce qu'il y a, y compris votre façon d'être.

Q: Hum.

A: Mais il n'y a aucune experience de cela. Il n'y ni expérience que cela soit complet, ni expérience que cela soit toute chose. C'est complet et c'est toutes choses en soi, tout simplement.

Q: Est-ce ce que je suis?

A: On pourrait le dire, mais il n'y a pas non plus d'expérience de « vous » étant « cela ». « Vous êtes cela » signifie que c'est totalement naturel et totalement simple, mais sans l'expérience additionnelle « Je suis cela ».

Q: Ah d'accord! Merci.

Devrais-je?

Q: Devrais-je aller voir les gourous? Quand je vous écoute, il semble que ce ne soit pas nécessaire et que ce soit même un obstacle.

A: Eh bien, il n'y a pas d'obstacle. Il n'y a rien à gagner, comment pourrait-il y avoir un obstacle. Ou si vous préférez, c'est la quête elle-même qui est l'obstacle. Il n'y a cependant personne pour y mettre fin. Le chercheur ne peut être séparé de sa recherche et il n'y a pas de chercheur qui ait trouvé, ou qui trouvera.

Q: Ramana a dit que tant qu'il n'y a pas libération, il faut qu'il y ait recherche.

A: Je ne dirais pas qu'il faut qu'il y ait recherche, cependant, tant qu'il y a l'illusion d'être quelqu'un, il y a aussi recherche pour ce quelqu'un présumé. Tant qu'il y aura quelqu'un, ce quelqu'un sera en quête. C'est aussi inévitable que la fin de la recherche intervenant avec la mort du chercheur. Le dilemme, c'est que cela peut laisser croire qu'il faut chercher pour être libéré. La libération, c'est la mort du chercheur sans qu'il ait trouvé, ce n'est pas l'aboutissement d'une carrière de chercheur réussie. La libération, c'est la fin du chercheur sans raison.

Q: Que devrais-je faire alors?

A: Il n'y a pas de réponse à cette question. Ramana aurait pu dire, « Restez tranquille! » ou « N'y pensez pas! », mais encore une fois, ce n'est rien que vous puissiez faire. La question tout entière se réfère à une réalité personnelle qui n'existe pas. Quand vous demandez « Que dois-je faire? » vous vous référez implicitement à quelqu'un qui serait en chemin vers une destination. Mais cela n'existe pas. S'il advient que vous alliez voir des gourous, c'est ce qu'il arrivera et si ce jeu devait cesser de lui-même, ce serait aussi ce qu'il arrive. Quoiqu'il advienne, c'est toujours ce qu'il se passe en apparence et c'est toujours « cela-même ». Quand il y a quelqu'un, pourtant, cela est occulté. Cela aussi, c'est « cela-même »; ce ne peut être que « cela-même ».

Q: Hum, il semble que ce soit une bonne et une mauvaise nouvelle.

A: Oui, la bonne nouvelle, c'est que vous ne pouvez jamais vous égarer et la mauvaise nouvelle, c'est que vous ne le ferez pas. La bonne nouvelle, c'est que cela ne préoccupe personne. Tout est ce qu'il se passe en apparence. C'est inévitable et c'est très exactement cela la liberté: rien n'est ne peut être différent de ce que c'est.

Q: Ouf! Il semble qu'il n'y ait plus aucun espace pour moi!

A: Il n'y en a pas en effet. L'espace dont le « moi » présume qu'il dispose n'existe pas. C'est un domaine illusoire, sans existence.

Q: Diriez-vous qu'il y a une illusion du « moi »?

A: Tout ce qu'il y a, c'est ce qu'il se passe en apparence. Il n'y a pas d'illusion du « moi ». Même l'idée qu'il y ait une illusion fait partie de l'illusion. Qui serait là pour connaître la différence entre une illusion et ce qu'il se passe véritablement? Il n'y a personne et il n'y a donc pas d'illusion.

Q: Mais j'essaye de me réveiller de ce rêve.

A: Écoutez, tout cela fait partie de la configuration personnelle. La quête et la conscience viennent ensemble, pourtant dit l'une, ni l'autre n'ont de réalité. Essayer de se réveiller du rêve, c'est tourner en rond dans une réalité artificielle. Il n'y a ni quelqu'un qui soit endormi, ni réveil qui soit possible. C'est cela le rêve. L'appeler un rêve, c'est même lui donner trop de réalité. Ce qui est amusant, c'est que cela n'existe tout simplement pas.

Q: Mais pourquoi est-ce là alors?

A: Ça ne l'est pas. Le « moi », ou plutôt le rêve du « moi », n'est pas quelque chose qui soit là. Ce n'est tout simplement pas là!

Q: Mais je fais l'expérience d'un soi.

A: Oui, il se peut que cela se produise en apparence, pourtant ce n'est pas réel.

Q: Mais comment puis-je me réveiller de cela?

A: Vous ne pouvez pas vous en réveiller, tout simplement parce que ce dont vous voulez vous réveiller n'est pas réellement là. Je ne dis même pas que cela doive disparaître. Écoutez, vous attendez que quelque chose se passe, quelque chose dont vous puissiez faire l'expérience et que vous puissiez connaître.

Q: Oui, je veux que ce rêve se termine.

A: Non, ce que vous voulez, c'est une autre experience dans laquelle le stress de la vie disparaisse. Vous voulez devenir une personne libérée.

Q: C'est juste, je suppose. Mais je veux tout de même que cela s'arrête.

A: Cela ne peut pas s'arrêter au sens où vous le souhaitez. Il n'y a pas de « cela ». Nous parlons toujours d'un « cela » – le « moi », la quête, la souffrance – comme s'il y avait de telles choses. Mais il n'y a pas de « cela ». Essayez de faire cesser quelque chose, c'est comme essayer de trouver quelque chose qui n'existe pas. Attendre la fin de quelque chose, c'est comme attendre un nouveau commencement. Il n'arrivera jamais rien et rien ne se terminera jamais.

Tout est amour

Q: Andreas, Ramana a dit qu'à la fin tout est amour. Il a dit quelque chose comme « c'est ici que le voyage se termine ». Qu'en pensez-vous?

A: Je ne sais pas ce qu'il a voulu dire, mais par rapport à ce que moi-même je dis, on pourrait dire qu'à la fin tout est amour. Dans l'histoire, tous les efforts pour changer ou pour trouver quelque chose de plus précieux que « ce qu'il se passe en apparence » proviennent d'un point de vue illusoire qui entretient l'expérience que « ce qu'il se passe » est incomplet. Cela peut être considéré comme un acte de violence. Le « moi » dit constamment: « Non, pas ça. La plénitude ce doit être autre chose. » Il ne s'agit pas d'une simple idée exprimée par le « moi », c'est toute son expérience. Il essaye encore et encore de changer, de développer, de trouver sans s'apercevoir qu'il n'a de cesse de rejeter « ce qui est ». Dans la libération toute cette lutte disparaît. Dans la libération, même le refus d'agir le plus ferme se révèle « cela-même ». Aussi peut-on dire, qu'à la fin, ce qui demeure, c'est l'amour. Être simplement, c'est l'amour. Ne rien manipuler, c'est l'amour – notez bien, ce n'est pas personnel.

Q: Mais qu'en est-il du chercheur?

A: Le chercheur est amour aussi. Tout cet effort pour devenir un, c'est déjà ce qui est un dans l'indivision. Ce n'est ni logique, ni compréhensible. Mais à la fin, même la recherche se révèle comme étant « cela-même » et il n'y a, même là, aucun changement qui soit nécessaire.

Une autre interprétation pourrait être qu'à la fin, après tous ces efforts, il y a une forme de renonciation. La libération, c'est la renonciation. Non que « vous » renonciez, c'est impossible et ce seraient encore les histoires du « moi ». Le renoncement, c'est la mort. Ne pas essayer signifie qu'il n'y a plus d'échappatoire. Ce qui demeure, c'est ce qu'il se passe en apparence et étrangement, de façon merveilleusement étonnante, il ne manque rien à cela. On pourrait aussi appeler cela l'amour.

Q: Qu'entendez-vous par « cela » maintenant?

A: Je veux dire ceci: être moi, être vous, cette pièce, ma vie, votre vie, mes problèmes, vos problèmes. Chaque pensée, chaque action est ce qu'il se passe en apparence. Tout et rien en particulier, tout cela, c'est l'amour en étant simplement comme c'est. Mais n'oubliez pas, cet amour n'est pas l'amour romantique. Il est plutôt ordinaire. Cet amour, c'est ce qu'il y a déjà au sens le plus direct de ces paroles.

Ramana disait

Q: Andreas, Ramana a dit « Soyez qui vous êtes » ou plutôt « Soyez ce que vous êtes ». Qu'avez-vous à dire à ce sujet?

A: Eh bien la question se pose: qui ferait cela, ou plutôt qui aurait besoin de le faire? Il n'y a personne! Vous ne pouvez pas « faire » qui vous êtes. Vous êtes déjà ce que vous êtes.

Q: Mais peut-être étais-ce qu'il voulait dire.

A: Oui, peut-être. Nous ne savons pas. « Être qui vous êtes » arrive déjà. Il n'y a pas de pas à faire dans cette direction et il n'y a pas non plus moyen de s'en écarter. Peut-être pointait-il dans cette direction, mais peut-être prêchait-il aussi une histoire d'authenticité.

Q: Mais ne dois-je pas être authentique?

A: C'est le même problème. Pouvez-vous être authentique quand vous essayez d'être authentique? L'authenticité, c'est ce qui est naturellement. Tout est exactement ce que c'est. C'est authentique à cent pour cent. Même le sentiment d'être inauthentique et faire un effort pour être authentique, est authentiquement soi-même à cent pour cent.

Q: Hum.

A: Être qui vous êtes, c'est la réalité naturelle. Il n'y a rien d'autre. S'il y a recherche, c'est authentique. Si la mort du chercheur se produit, c'est authentique aussi.

Q: *Cela veut-il dire que le « moi » peut exister sans une histoire?*

A: Oui et non. Il peut y avoir pure conscience de soi sans histoire pour un temps. Tôt ou tard cependant, l'attention retourne dans une histoire. Vous savez, demeurer dans la pure conscience devient assez ennuyeux au bout d'un moment. C'est à ce moment-là que vous voulez récupérer votre histoire.

Q: *Qu'y a -t-il de mal avec l'histoire de toute façon?*

A: Oh, il n'y a rien de mal avec ça. C'est le moi apparent qui essaye de s'échapper dans une autre expérience. Il veut quitter sa vie, occultant que cette vie, très précisément, est déjà complète et qu'il ne manque rien à cette plénitude.

Q: *Oui, mais pas la vie personnelle.*

A: En un sens, la vie personnelle aussi, bien sûr. Mais oui, vous avez raison, il n'y a pas de vie personnelle comme telle.

Q: *Et qu'en est-il de ces histoires concernant la pensée?*

A: C'est un enseignement qui vient de la conscience personnelle qui s'observe elle-même. Le « moi » souffre parce qu'il croit ses histoires et les sentiments qui apparemment s'ensuivent. Pour éviter cela, il essaye d'abandonner les pensées pour éviter les sentiments désagréables. C'est une technique d'évitement, comme tout ce que fait le « moi ».

Q: *Ils appellent cela la spiritualité.*

A: Oui, c'est cela la spiritualité: trouver une porte de sortie de ce à quoi il ne manque rien (rires). Cela échoue, évidemment.

Q: Mais encore, comment cela fonctionne-t-il?

A: C'est là qu'est le problème: cela ne fonctionne pas vraiment. Laisser les pensées peut être agréable pour un temps, mais cela demande du travail. Comme je le dis souvent: il faut le faire encore et encore. Et quand vous atteignez un moment de silence, vous êtes censé y demeurer…ce qui rend cet état plus artificiel encore. Il faut maintenant que vous soyez présent de force pour empêcher toute pensée de survenir. Quelle blague! Tôt ou tard vous échouerez et les pensées seront de retour. Ce qui est amusant, c'est que cette pratique fait partie intégrante d'une histoire selon laquelle ne pas avoir de pensées serait mieux qu'en avoir et ne pas éprouver de sentiments serait mieux qu'en éprouver. Tout cela est basé sur une idée personnelle de la liberté. C'est du baratin. Si vous souhaitez vous évader des frustrations de votre vie quotidienne, vous pouvez bien sûr pratiquer certaines de ces techniques bizarres.

Q: Tout cela a à voir avec l'illumination personnelle.

A: Évidemment! Il s'agit toujours d'une personne qui « fait » ses expériences. Il faut bien qu'il y ait quelqu'un qui en soit conscient, sinon tout ce silence serait parfaitement inutile.

Q: C'est incroyable!

A: Oui, ça l'est apparemment.

Koan

Q: Que pensez-vous des koans?

A: Eh bien dans la tradition Zen, pour ce que j'en connais, ils sont considérés comme une sorte de méthode. L'idée, c'est que le maître essaye de révéler quelque vérité plus profonde à l'aspirant. En ce sens, les koans sont simplement une autre tentative. Ils peuvent bien sûr conduire à la vision qu'ils ne peuvent être compris ou même produire une interruption dans le cours des pensées, suivie d'un moment de relâchement, mais c'est à peu près tout.

Q: Ne vous ai-je pas entendu dire que votre message est un koan aussi?

A: Oui, pour le « moi » chaque phrase est comme un koan. Il essaye d'en saisir le sens, mais il n'y a aucun contenu. C'est comme l'eau filant entre les doigts d'une main cherchant à la retenir. C'est un peu comme un koan, pourrait-on dire. D'un autre côté, je ne cherche pas à révéler une vérité plus profonde. Il n'y a aucune intention dans mon message. Ce que je dis en apparence est beaucoup plus direct que ce que le « moi » imagine. Le « moi » présume qu'il y a un sens plus profond qu'il pourrait saisir. Ce n'est pourtant pas le cas.

Q: Oui, c'est vrai. Je suis toujours à la recherche de quelque chose dans les mots.

A: Oui, c'est cela la quête. Le « moi » n'entend pas les paroles qui sont dites parce qu'il cherche quelque chose dans les mots. Il ne peut entendre la mélodie parce qu'il en cherche le sens. Pourtant, il n'y a pas de signification. C'est là d'ailleurs toute l'existence du « moi ». Il présume qu'il y a quelque chose au dehors. C'est le premier élément – le sujet – cherchant quelque chose dans le second – un objet. L'un et l'autre sont expérimentés comme étant réels, bien qu'ils soient en fait irréels.

Q: Certains « maîtres » suggèrent de ramener son attention vers le sujet.

A: C'est exactement la même chose: focaliser l'attention sur quelque chose. Dans ce cas, c'est le « sujet » qui est objectifié. Tout ce à quoi cela aboutit, c'est la création d'une expérience temporaire. Cela peut être une expérience de silence ou de calme, mais c'est temporaire.

Q: Mais certaines personnes disent que c'est éternel.

A: C'est exact, mais il s'agit en réalité d'une conclusion. Quand on fait cela, il y a une experience de silence et de calme, et on en déduit que cela doit toujours être présent. Pourtant, l'expérience est temporaire du simple fait que l'attention se déplace vers un autre « objet ».

Q: Ne puis-je apprendre à demeurer ici?

A: Non, pas vraiment, c'est ce que je viens de dire: l'attention s'écarte naturellement de la simple présence, parce qu'« être présent » c'est encore un état d'incomplétude. C'est pourquoi demeurer comme simple présence devient une autre tâche impossible. Il peut cependant y avoir l'illusion de la réussite parce que la conviction d'être cette calme présence peut s'accroître avec la répétition. Le dilemme, c'est que cette expérience intérieure est accompagnée d'un effort permanent. Elle n'a aucun rapport avec ce que j'appelle la libération.

Q: La libération est sans effort?

A: Oui, bien sûr! C'est sans effort, ou plutôt, il n'y a pas de libération, mais le sentiment de l'effort fait partie de l'illusion. Sans illusion, il n'y a pas d'effort. C'est aussi simple que ça.

Q: Vous n'êtes jamais stressé?

A: Il m'arrive bien sûr d'être stressé, apparemment et sans effort. Toutefois, l'idée « qu'être stressé » doive être transformé en quelque chose de plus élevé ne survient pas dans la libération. Alors oui, l'effort apparent dans cette vie apparente peut apparemment se produire (rires).

Gardez le silence – avant votre naissance

Q: *Papaji a dit « Gardez le silence ». Qu'en pensez-vous?*

A: Dans un sens non-dualiste, « Gardez le silence » signifie « demeurez avant votre naissance ». Il n'y a cependant personne qui puisse faire cela, raison pour laquelle ce sont encore des histoires. Il n'y a pas de « moi » qui soit présent avant le surgissement apparent de l'illusion du « moi », pas de « moi » qui puisse empêcher que ce surgissement ne se produise.

Q: *Le moi advient donc de lui-même?*

A: Oui, bien sûr. Il n'advient pas vraiment de toute façon. Il n'y a personne qui ait un « moi » ou qui puisse s'en débarrasser. Il n'y a tout simplement personne.

Q: *Mais pourquoi tous ces enseignements?*

A: Je n'en ai aucune idée. Il n'y a personne et il n'y a pas non plus de choix. La naissance du « moi », c'est comme se réveiller le matin: personne ne le fait. Il n'y a personne qui soit là avant le réveil qui puisse empêcher qu'il se produise. Il en est ainsi de la naissance apparente du « moi », de la naissance de la conscience de soi ou du sentiment de présence. Personne ne peut l'empêcher de se produire et pourquoi d'ailleurs le voudrait-on? Présumer que la naissance apparente ne devrait pas avoir lieu fait partie du rêve du « moi ». Il n'y a pourtant rien de mal avec cette naissance.

Q: C'est vous qui le dîtes.

A: Bien sûr, cela n'arrive qu'en apparence. Tout cela n'est qu'une illusion sans aucune réalité.

Q: Que voulez-vous dire par là?

A: Je veux dire qu'il n'y a rien de tel. Il n'y a ni « moi », ni sentiment de présence, ni illusion. Et il n'y a rien dont il faille se débarrasser. Il n'y a rien qui soit né il y a quarante ans, rien qui se soit réveillé ce matin, rien qui soit présent maintenant, rien qui ne s'endormira et rien qui ne mourra. Cette existence tout entière n'existe pas.

Q: Mais comment pouvez-vous savoir cela?

A: Je ne peux pas le savoir et je ne le sais pas. Il n'y a personne.

Q: Alors, quand Papaji a dit « Gardez le silence », que voulait-il dire par là?

A: Je n'en ai aucune idée. À la lumière de ce message, cela voudrait dire qu'il faut s'abstenir de naître. Mais peut-être pointait-il vers autre chose. Quoiqu'il en soit, personne ne peut faire cela pour la simple raison qu'il n'y a personne. C'est comme lorsque le « moi » croit qu'il doit consciemment devenir le « non-moi ». Mon impression cependant, c'est que la plupart des disciples de Papaji pensent que garder le silence signifie s'abstenir de penser. Si tel était son message, il n'a rien à voir avec ce que je dis. Toute cette histoire de « non-pensée » est plutôt superficielle et manque l'intention du propos.

Q: Et quel est l'intention?

A: Il n'y en a pas.

Q: *Vous venez de le dire.*

A: Oui, je suis désolé. En réalité, il n'y a pas d'intention. Dans un enseignement, il y a toujours une intention. Il est toujours question de quelque chose qui est juste ou avantageux par opposition à quelque chose qui est mauvais ou négligeable : demeurer sans pensées, c'est mieux qu'avoir des pensées. Et qui pourrait le savoir de toute façon? Qui serait là pour souffrir de la présence des pensées ou pour jouir du silence? Il n'y a personne. La conscience de soi et tous ces états qui semblent se produire en elle ne sont pas réels. Ils n'existent tout simplement pas. Il n'y a pas de conscience séparée qui soit consciente d'une circonstance séparée. La dissolution apparente de cette configuration ne laisse rien derrière elle si ce n'est un vide apparent, une plénitude vide, pour personne.

Neti Neti

Q: *Ce que vous faîtes est-ce « Neti Neti »?*

A: Eh bien oui et non. C'est naturellement « Neti Neti », mais ce n'est pas la méthode appelée « Neti Neti ». Ce n'est pas « Neti Neti » pour arriver quelque part. Les réponses sont naturelles et spontanées tout simplement. Le « moi » demande « Ce qui est, est-ce la conscience? » et la réponse est non. Il demande « L'illumination est-ce un état de béatitude? » et la réponse est non. C'est « Neti Neti » simple et naturel. Utilisé comme méthode, ce n'est qu'un jeu que joue le « moi ». C'est une approche falsifiée qui produit de faux résultats.

En fait, la véritable réponse ce n'est même pas non. Il n'y a pas de vraie réponse parce que tout ce qui est nié n'existe pas de toute façon. Je réponds simplement non à ce qui n'existe pas au départ: le « moi », l'illumination, les états de conscience, tous ces trucs. « Neti Neti » implique aussi implicitement une confirmation silencieuse de ce qui est. « Pas ceci », ce n'est qu'un côté de la pièce parce que tout est « cela-même ». La réponse est donc toujours oui et non, ce qui n'est pas une réponse du tout. Ça, c'est « Neti Neti ». En fait, toute cette rencontre est « Neti Neti ».

Demeurer dans « Je suis »

Q: Andreas, avez-vous entendu parler de Nisargadatta Maharaj? Il a suggéré de demeurer dans « Je suis », ce qui pourrait conduire à la mort du « moi ».

A: C'est une bonne idée, mais ça ne marche pas (rires).

Q: Pourquoi est-ce un enseignement?

A: C'est un enseignement parce que ça s'adresse à une personne qui est censée être capable de faire quelque chose consciemment et de se positionner. Pourtant il n'y a personne. « Je suis » est une illusion et demeurer dans le « Je suis » pour aller au-delà du « Je suis » est futile. Cela confirme l'existence du soi, ce qui est le seul intérêt du soi. Ce qui est intéressant, c'est que Nisargadatta lui-même y a renoncé une ou deux années avant sa mort. Dans l'un de ces derniers ouvrages, il a indiqué que la chose la plus importante n'était pas mentionnée dans les livres gravitant autour de « Je suis cela ». Comme je l'ai dit, conceptuellement « Je suis », c'est une bonne idée: demeurer comme pure présence semble être plus proche de la frontière de l'absence que lorsqu'on est pris dans son histoire personnelle.

Q: Mais cela sonne juste.

A: Oui, mais c'est une histoire. Théoriquement, on pourrait mourir à soi-même dans son histoire personnelle. Pourquoi pas? Pourtant, il n'y a personne: Tout d'abord, il n'y a personne qui puisse choisir une position intérieure et deuxièmement, il n'y a pas de circonstances réelles. Et troisièmement, ce message traite d'une réalité complètement artificielle. Nisargadatta avait dû s'en apercevoir puisqu'il ne le mentionnait plus à la fin de sa vie. Il ne pouvait continuer à le dire sachant qu'il n'y avait personne.

Q: Pourrait-on dire alors qu'il venait d'une différente perspective?

A: Qui sait? Pourtant, ces livres les plus célèbres, comme « Je suis cela », sont clairement des enseignements qui semblent occulter le fait qu'il n'y ait personne. Bien sûr, on peut dire que la conscience de soi, ou le pur état de « Je suis », est plus proche de l'absence, mais ça reste une foutue théorie. Et comme je l'ai dit, c'est présumer qu'il y ait quelqu'un qui puisse faire quelque chose pour augmenter ses chances de devenir autre chose. C'est un enseignement personnel au même titre que les autres. Cela s'adresse à quelqu'un pour xyz… A la fin, lui-même a admis que c'était un enseignement. Sans surprise, les livres dans la veine de « Je suis cela » sont ceux qui rencontrent le plus de succès auprès des chercheurs. Ce sont des enseignements qui font perdurer la recherche

Le film et l'écran

Q: Andreas, connaissez-vous l'image que certains « maîtres » utilisent de l'écran et du film projeté sur l'écran? Ils disent que nous sommes souvent perdus dans le film, oubliant qu'en fait nous somme l'écran.

A: Oui, je connais cette image. Mais ce à quoi elle se réfère, c'est un enseignement de la conscience. Elle décrit d'ailleurs parfaitement l'expérience personnelle où « Je suis l'écran » – je suis la conscience – et où tout arrive dans ma conscience. Par enquête personnelle, le « moi » peut comprendre qu'il est différent de ce dont il est conscient. C'est une façon pour le chercheur d'échapper à sa quête dans le monde prétendument extérieur en comprenant qu'il est cette pure conscience. Bien sûr, et c'est là que cela devient un enseignement, vous devez le faire consciemment. Habituellement, c'est une invitation à déplacer votre attention de l'extérieur vers l'intérieur dans une tentative pour passer d'une expérience de mouvement à une expérience de repos. Il y a la promesse qu'en faisant cela, vous deviendrez libre du fardeau et des complications de la vie quotidienne.

Q: Alors, qu'en dîtes vous?

A: Je n'en dis rien.

Q: Mais qu'en feriez-vous?

A: Eh bien, vous n'êtes ni la conscience, ni ce dont vous êtes conscients ou alors vous êtes à la fois la conscience et ce dont vous êtes conscient. Cela est sans importance, parce que toute expérience d'être quelque chose est illusoire. Vous êtes de nouveau en train d'essayer d'y glisser le « moi ». Pourtant, il n'y a personne. Vous n'êtes pas quelque chose, ou plutôt il n'y a pas d'expérience de ce que vous êtes. Toute cette image de l'écran pointe vers une configuration dualiste. L'expérience, de fait, c'est la dualité.

Q: Mais le film et l'écran ne sont « pas deux ».

A: Oui, c'est ce qu'ils disent, pourtant cela vient de la compréhension d'un concept. Bien sûr, on peut le dire ainsi. Toutefois, dans leur expérience, ou plutôt ce vers quoi pointe l'enseignement à mon avis, c'est que vous êtes une seule chose, nommément l'écran ou la pure conscience et pas l'autre chose, nommément ce qu'il se passe à l'écran. Tout l'enseignement demeure basé sur la séparation et la dualité. C'est une tentative pour trouver la libération et la paix dans une seule expérience. Bonne chance!

Q: Est-ce mauvais?

A: Non, bien sûr que non, mais ça n'a rien à voir avec ce dont nous parlons aujourd'hui. Il n'y a pas de connexion à ce que j'appelle la libération.

Q: Ils disent que cette conscience est divine.

A: Oui, bien sûr. C'est ce qu'il y a de le plus élevé et de plus pur, et toutes ces histoires. Et cette conscience divine répète en permanence « Je suis tout ce qui est... Je suis tout ce qui est »… C'est le pinacle absolu de l'autoglorification du « moi ». Je veux dire, tout ce que le « moi » connaît, c'est le « moi », il s'ensuit naturellement que tous les aboutissements de sa quête introspective conduisent au même résultat: « Je suis ». N'est-ce pas merveilleux! (rires)

Q: Il n'y a vraiment pas de porte de sortie.

A: Non, il n'y en a pas. Qu'il doive y en avoir une, c'est cela le rêve.

La quête du soi

Q: Qui êtes-vous? Qui suis-je? Y a-t-il un moyen pour parvenir à une réponse?

A: Non, il n'y en a pas.

Q: Ne peut-on pratiquer la quête introspective de soi?

A: Non, pas vraiment. Qui veut mener l'enquête? Qui veut arriver à des conclusions et savoir? Il n'y a personne. Tout cela, ce n'est jamais que le « moi » qui n'a aucune réalité.

Q: Mais je veux connaître la réalité.

A: Elle est inconnaissable. Ce qui est n'est pas quelque chose. Celui qui veut savoir, c'est cela l'illusion.

Q: Mais je peux...

A: Qui est ce « Je ».

Q: Mais quand je me demande...

A: Qui est ce « Je ». Il n'existe pas!

Q: Mais je peux voir qu'il n'y a pas de « Je ».

A: Encore une fois, c'est moi qui sais quelque chose. C'est une connaissance illusoire, d'une personne illusoire. Oubliez cela, ça n'a aucune valeur.

Q: Cela m'aide à me calmer parfois.

A: Oh, oui, c'est ce que ça fait: cela aide. Qui est cette mauviette qui a besoin d'aide! C'est une illusion totale. Tout cela c'est le « moi ». Le « moi » essaye de connaître quelque chose pour changer son expérience. Si ça fonctionne, il y a un sentiment de réussite: « J'ai reçu de l'aide ». Tout cela se passe dans le « moi ».

Q: Est-ce un mal?

A: Non, c'est simplement ce que c'est en apparence: des histoires de

« moi ».

Q: Et que dois-je en faire?

A: Oh, rien. C'est ce qu'il se passe en apparence. Personne ne doit ou ne peux même en faire quelque chose. Ce n'est pas quelque chose.

Q: Ne suis-je pas censé laisser le rêve du « Je » derrière?

A: Non, encore une fois, qui pourrait le faire? La présomption qu'il y ait réellement un rêve du « Je » fait partie du rêve. Qu'il n'y ait pas de « Je » signifie qu'il n'y a pas non plus de rêve. Qu'il y ait un « Je », c'est une illusion, et cela signifie qu'il n'y a ni « Je », ni illusion. C'est tout simplement ce que c'est, pour personne.

Q: Hum.

A: C'est la beauté de ce message: Il n'y a ni endroit où aller, ni pas à franchir. Il n'y a personne ici qui ait besoin de le faire. « Ceci » est la luminosité même, mais pour personne.

Q: Mais qui sait cela?

A: Personne ne le sait. Ce qui est un et indivisible semble tout voir – en fait est tout ce qui est – et pourtant demeure totalement aveugle. Ce qui est un est merveilleusement ignorant, ne reconnaissant rien qui ne soit déjà cela, même l'illusion d'être une personne. Ce qui est un ne reconnaît pas le « moi » comme tel. Ce qui est un est simplement « cela ».

Réincarnation

Q: Quand je vous entends parler, je présume que vous ne portez guère d'intérêt à l'idée de réincarnation. Je me trompe?

A: Eh bien non, comme il n'y a pas d'incarnation, il n'y a pas de réincarnation non plus.

Q: Hum. Puis-je être certain alors qu'avec ma mort tout est terminé?

A: Eh bien oui et non. On ne peut rien savoir en réalité. Qui pourrait savoir si quelque chose se termine ou si quelque chose continue? Le dilemme c'est que ce message et la perspective à partir de laquelle vous posez votre question ne se rencontre jamais vraiment. Votre question est posée dans le contexte d'une réalité qui n'existe pas réellement. Comme je l'ai dit, il n'y a pas même incarnation. Cela signifie que cette prétendue incarnation ne connaîtra pas une de mort réelle non plus. Votre question serait donc la suivante: « Cela se termine-t-il avec la mort du corps? » Et la réponse est oui. Quand le corps meurt, c'est ce qu'il se passe apparemment. La fin du corps, pour le moins, c'est la fin de la conscience et de la conscience de soi. On ne peut rien savoir de plus.

Q: D'où vient ce concept de réincarnation?

A: En un sens, cela vient de l'expérience de la personne. La personne fait chaque jour l'expérience d'une arrivée et d'un départ, le matin et la nuit respectivement. Il est facile de se représenter la mort comme une longue nuit. Si vous le souhaitez, vous pouvez transposer le concept de réincarnation dans l'expérience d'une vie. Depuis le jour de votre naissance – le jour où la conscience de soi est survenue – vous faite l'expérience d'arrivées et de départs, du surgissement de la conscience de soi et de sa disparition. Avec la conscience surgit le monde et tous ses problèmes; avec sa disparition, le monde et ses problèmes disparaissent aussi. Pour personne cependant. Cette dance entre présence et absence, c'est ce qu'il se passe en apparence. Il n'y a ni présence réelle, ni réelle absence de cette présence. Rien ne naît et rien ne meurt. L'une et l'autre sont simplement ce qui n'est pas quelque chose apparaissant comme tel. Et cela n'est important pour personne.

Q: Hum. Et si je naissais de nouveau après la mort du corps?

A: Alors, ce serait ce qu'il se passe en apparence. Bien sûr, personne ne renaîtrait. Ce n'est pourtant que pure spéculation.

Q: Tout ce qui concerne le futur, n'est-ce pas pure spéculation?

A: Oui, c'est exact.

Q: Alors?

A: Alors… il n'y a pas de réponse.

Embellir sa prison

Q: Je m'interrogeai sur la nécessité de la quête. Certains disent qu'il faut continuer la recherche, mais d'autres disent que c'est la quête qui est l'obstacle précisément. Je ne sais pas quelle direction suivre.

A: La question que vous posez provient en réalité de la recherche. Vous présumez que ne pas chercher est un chemin que vous pouvez suivre consciemment. En réalité, il n'y a pas de question. Ou bien vous êtes dans la configuration du « Je suis » et « vous » êtes apparemment en quête ou bien il n'y a personne, auquel cas il n'y a pas de recherche.

Q: Ramana a dit que tant qu'il y a quelqu'un il fallait qu'il y ait un effort.

A: Je le dirais différemment: Tant qu'il y a l'illusion d'être quelqu'un, il y aura l'effort. Mais cet effort est illusoire. Il fait simplement partie du rêve et il ne mène nulle part. Lorsque la recherche cesse pour ainsi dire d'elle-même, le « Je suis » disparaît aussi.

Q: La quête ne mène donc nulle part. Que pensez-vous alors du concept qui veut que l'on rende au moins sa prison plus confortable?

A: Cette idée ne me séduit pas vraiment, parce qu'elle laisse entendre que vous pouvez au moins faire cela. Ce n'est pas le sens du message. Il n'y a personne qui puisse choisir quoi que ce soit. C'est précisément cela le rêve: qu'il y ait quelqu'un qui puisse agir consciemment selon son bon vouloir. Pour revenir à votre question du début, il semble que le moi apparent survive en demeurant actif et le chercheur en imaginant que ses efforts le conduiront à la plénitude. C'est cela le rêve.

Q: Mais c'est un rêve apparent.

A: Oui, c'est ce qu'il se passe en apparence.

Q: Est-ce mieux alors de mettre un terme à sa recherche?

A: Qui pourrait le faire? Il n'y a personne qui soit là. Il n'y a pas de chercheur dans la recherche, pas plus qu'il n'y a quelqu'un qui ait trouvé quelque chose dans la libération.

Q: Diriez-vous que la quête soit un obstacle?

A: La quête n'est pas un obstacle et personne ne peut choisir d'y mettre fin. La quête fait partie du rêve de « Je suis » et elle ne peut mener hors de cette configuration. Présumer qu'elle puisse mener quelque part, c'est la conception illusoire qui la définit. Cette présomption confirme le « moi » dans son existence apparente en étant au seul service de cette existence. Le « moi » cherche quelque chose pour lui-même et il veut survivre pour jouir du fruit de ses efforts. Du point de vue du « moi » tout autre attitude serait pure folie.

L'innocence du nouveau-né

Q: Andreas, Tony parle parfois de l'innocence de l'enfant. Et Jésus aussi a dit qu'il fallait devenir comme un enfant. Qu'en pensez-vous?

A: Oui, c'est vrai. Rapporté à ce message cependant, il faudrait plutôt dire devenir comme un nouveau-né. Lorsqu'on parle de devenir comme un enfant, la plupart des gens pensent à l'expérience consciente d'un enfant de 6 à 10 ans, se référant à une époque où leur vie n'était pas encombrée par leurs problèmes d'adulte. Quand il s'agit de la libération cependant, on doit se référer à une période antérieure à l'expérience. Devenir comme un nouveau-né signifierait alors aller là où la conscience de soi n'a pas encore fait son apparition, avant même l'expérience pour ainsi dire.

Q: Mais comment faire cela? C'est impossible pour moi.

A: Oui, justement, c'est impossible parce que « vous » êtes cette conscience de soi. « Vous » êtes ce qui fait l'expérience de « Je suis né et j'existe ». Ce que Jésus voulait dire peut-être, c'est qu'il « faudrait » revenir à l'état de nouveau-né.

Q: Mais encore une fois, comment pourrais-je le faire?

A: Vous avez raison, vous ne pouvez pas le faire. D'abord parce que jamais aucune conscience de soi n'a réellement connu la naissance, ensuite parce que l'expérience même d'être cette conscience n'est autre que l'expérience d'être quelque chose qui soit né.

Q: Et qu'en est-il du sommeil profond? Ne dit-on pas que la libération, c'est comme le sommeil profond?

A: Oui, c'est comme ça, en un sens. On peut comparer l'absence du sujet qui fait l'expérience au sommeil profond. Quand il y a le rêve du « moi » il y a l'expérience de se réveiller le matin. Au réveil, la conscience déclare: « Maintenant je suis là ».

Q: Et cela ne se produit pas dans votre cas?

A: Non, cela ne se produit pas. Il n'y a aucune expérience de quelque chose qui se réveille. Se réveiller, c'est ce qu'il arrive en apparence, mais pour personne.

Q: Mais pour dire cela ne faut-il pas qu'il y ait conscience?

A: Non, ce n'est pas nécessaire. En tout cas pas la conscience de soi qui vit dans l'expérience d'être quelque chose qui soit conscient. Il y a bien une conscience apparente, mais pour personne. De cette conscience apparente survient l'information apparente que le réveil se produit apparemment le matin.

Q: Ça a l'air compliqué.

A: Oui, en effet (rires). Vous savez, c'est ce qu'il se passe en apparence de mon côté comme du vôtre, quoique cela puisse être ou paraître. C'est à la fois réel et irréel, complet et vide en soi. C'est ce qui n'est pas quelque chose apparaissant comme quelque chose, ce qui est sans forme apparaissant sous de multiples formes. Mais ce ne sont là que des mots: ils ne veulent rien dire car en réalité ils ne se réfèrent à rien.

Q: Cela veut-il dire que le sommeil profond, l'état de rêve et l'état de veille soient la même chose?

A: Eh bien oui, en un sens. Ils sont tous ce qui n'est pas quelque chose, mais pour personne: ce qui n'est pas une chose dormant en apparence, ce qui n'est pas une chose rêvant en apparence et ce qui n'est pas une chose éveillée en apparence. Mais pour être précis, il n'y a pas d'expérience de ces trois états comme « étant la même chose ». Il n'y a simplement personne qui en fasse l'expérience comme étant des états différents. Personne ne sait qu'il y a sommeil profond et il n'y a personne qui sache non plus que l'état de veille est quelque chose de différent.

Q: Y a -t-il une expérience de l'absence alors?

A: Non, il n'y en a pas. Il n'y a d'expérience ni de la présence, ni de l'absence.

Q: Y a-t-il même conscience ou conscience d'être conscient?

A: Eh bien, pas vraiment. Il y a conscience et conscience d'être conscient en apparence, et sentiment de présence aussi apparemment. Il n'y a cependant aucune expérience de ces états comme étant quelque chose de réel.

Le chien qui aboie

Q: U.G. a dit: « Je ne suis qu'un chien qui aboie ».

A: Oui, c'est ce que je suis. Je ne suis qu'un chien qui aboie. Et c'est ce que sont ces conversations. Des chiens qui aboient, c'est ce qu'est toute conversation.

Q: Mais n'est-ce pas réel? Ne dites vous pas quelque chose?

A: Non, pas du tout. Parler, c'est ce qu'il se passe apparemment, pourtant c'est vide de réalité et de signification. Cela peut avoir un sens apparent toutefois, mais c'est une signification rêvée.

Q: Alors, vous ne dites rien?

A: Non, rien du tout. Mais cela s'applique à toute conversation. Personne ne dit rien – ce sont juste des histoires. Tout ça, c'est juste aboyer.

Q: Mais pourquoi?

A: Parce qu'on ne peut rien dire qui soit vrai. Il n'y a pas d'événement réel dont on puisse dire quelque chose de vrai. Cette réalité n'existe pas au départ. A part ça, c'est simplement ce qu'il arrive en apparence. C'est en chute libre, mais c'est complet en soi. Des chiens qui aboient, c'est merveilleux non.

Q: Et vous ne dites rien non plus?

A: Oh, non, c'est complètement vide. Toutes ces choses dont je semble parler, la conscience, la libération, la mort du « moi », n'existent tout simplement pas. Ce sont des paroles vides. Oui, c'est bien cela. C'est la beauté et la liberté de ces paroles. C'est la beauté et la liberté de toutes choses.

Vivre la libération

Q: Que pouvez-vous dire au sujet de vivre dans la libération?

A: Pas grand-chose en fait. C'est fondamentalement la même chose que la vie de tout un chacun, mais sans le monde artificiel et imaginaire surajouté dans lequel semble vivre le « moi ». Dans ce monde à sa mesure, le « moi » présume beaucoup de choses. La principale, c'est l'idée qu'il y ait un sens à la vie et un but plus élevé à l'existence, que ce soit la paix dans le monde ou l'illumination, ou simplement « vivre une vie pleine et heureuse ». Toutes ces idées préconçues proviennent du sentiment d'existence du « moi », et c'est là, me semble-t-il, la principale différence. À bien des égards, mon sentiment est probablement assez semblable au vôtre, mais chez moi, il n'y a plus de quête. Il n'y a personne qui cherche une réalisation absolue additionnelle. Cette quête est totalement imaginaire: présumer l'existence quelque part d'un état étrange appelé l'illumination, la plénitude, ou encore le bonheur absolu. Dans l'histoire, le « moi » met toute son énergie pour découvrir cet état, pour devenir cet état et pour y demeurer, car il porte en lui la promesse de l'accomplissement de tous les désirs. Sans cette quête imaginaire, il reste ce qu'il se passe en apparence: un corps qui fonctionne en apparence, apparemment conscient et conscient d'être conscient, avec la capacité apparente de penser, de ressentir et d'agir, mais apparemment libéré de l'illusion qu'il y ait un vrai soi spirituel vivant à l'intérieur. Il n'y a simplement rien de tel.

Q: Cela vous rend-il plus heureux?

A: Oui et non. Quand il n'y a personne, toutes les pensées et les sentiments qui sont rattachés à la quête tombent d'eux-mêmes et, bien évidemment, comme ils portaient en eux un énorme potentiel de souffrance, il y a une différence. Toutes ces histoires sur « moi », sur « moi et ma vie », sur « moi qui ne suis pas heureux », toutes ces pensées, c'est cela la souffrance. Pourtant, il n'y a aucune échappatoire par rapport au corps et à la vie quotidienne. La prétendue vie quotidienne, c'est ce qu'il se passe apparemment et, comme je le disais, le corps fonctionne apparemment et il génère des sensations et des sentiments. On ne peut échapper à cela, ce qui serait justement l'une des tentations du « moi » souffrant qui s'efforce de laisser derrière lui la vie quotidienne pour se retirer dans un état plus élevé où il pourrait tout simplement être et trouver le repos. C'est à cela qu'aspire le chercheur spirituel, un état plus élevé dont il puisse faire l'expérience.

Q: Il n'y a donc pas d'état plus élevé?

A: Non, il n'y en a pas.

Q: Il n'y a pas non plus d'état moins élevé?

A: Il n'y en a pas non plus. Il n'y a tout simplement pas d'états. Vivre dans des états, ce n'est rien de plus que vivre dans une expérience, et c'est cela le rêve: « Je fais l'expérience de quelque chose » ou encore « moi et ma vie ».

Q: Avez-vous atteint « la parfaite libération » alors?

A: La parfaite libération, c'est tout ce qu'il y a, mais « vous » ne pouvez ni l'atteindre ni vous y tenir. Dans l'histoire, on pourrait dire que je suis mort en elle, toutefois cela peut laisser croire que cela a quelque chose à voir avec moi. La surprise, c'est que quand « la parfaite libération » se produit, il n'arrive rien. Comme elle n'est jamais partie, vous ne pouvez l'obtenir. Le dilemme c'est que quand on parle de « parfaite libération », le moi apparent pense toujours à un état abstrait. Il pense à quelque chose de personnel, séparé de la simplicité et de l'innocence de ce qu'il se passe concrètement ici en apparence. Pourtant, il n'y a rien de tel. Ce qu'il se passe ici et maintenant, c'est déjà ce qui n'est pas quelque chose, ce qui est sans cause et hors du temps. Il n'y a pas de libération additionnelle, ni en cela, ni vers cela, ni à partir de cela. La libération c'est « cela-même

» et c'est déjà complet et libre en soi.

Q: Ouah, c'est vraiment simple, mais c'est très intense aussi.

A: Oui, c'est simple parce que c'est tout simplement. Et oui, vu de la perspective apparente du « moi, c'est intense. C'est la totalité. Cette apparence très ordinaire est totale. Il n'y a rien en parallèle et rien à ajouter. C'est directement et inconditionnellement soi-même.

Q: Est-ce toujours aussi intense?

A: Eh bien, c'est total, mais c'est vide aussi. C'est totalement soi-même, mais c'est libre de réalité et de signification. C'est joyeusement et merveilleusement léger, non-encombré par la réalité et le besoin de trouver quoi que ce soit d'autre comme une signification, un accomplissement, la plénitude ou un état plus élevé par exemple. Et c'est ainsi, pour personne, naturellement. Ce n'est pas personnel et ce n'est pas un état. Ce n'est même pas un « cela ». C'est simplement ce qu'il se passe en apparence et c'est naturellement, simplement et parfaitement soi-même.

Autoguérison et trauma

Q: Andreas, pensez-vous que nous devrions résoudre nos problèmes?

A: Non, je ne le pense pas, mais cela n'a rien à voir avec les problèmes. Il n'y a tout simplement personne qui ait besoin de le faire. Laissez vos problèmes tranquilles et ils s'occuperont d'eux-mêmes. Ou plutôt laissez-vous tranquille, et tout le reste s'occupera de soi-même. Il n'y a aucune nécessité de s'en préoccuper et de se faire inutilement du souci. Le corps s'occupe de lui-même.

Q: Et s'il y a des traumas ou des choses graves qui arrivent?

A: Alors, c'est ce qu'il se passe en apparence, Du point de vue du «
moi », toute l'existence est un problème non-résolu. La question du
pourquoi de l'existence demeure sans réponse. Il en est de même
pour les traumas. Vous savez, ce dont on parle ne diffère en rien des
considérations générales du « moi » concernant cette vie apparente.
Non que ce message pointe vers autre chose. Il confirme totalement
que ce qu'il arrive en apparence est bien ce qu'il arrive en apparence.
Il n'y a de place ni pour les raccourcis, ni pour les évitements, ni
pour le déni. Si ce qu'il arrive, c'est un corps traumatisé, et bien c'est
ce qu'il arrive. Quand il n'y a personne, il n'y a personne qui essaye
de travailler sur le trauma et il semble même que cette non-
intervention puisse influer sur la guérison. Et quand je dis influer, le
choix des mots est inadéquat parce qu'en fait, il semble que le
trauma tombe de lui-même quand il n'y a plus personne qui ait
besoin d'être protégé. C'est comme si l'illusion apparente d'être le
corps avait une influence sur le corps et renforçait le trauma par son
identification avec lui. Depuis que je suis mort, les traumas tombent
les uns après les autres, naturellement et sans faire trop de bruit.

Q: *Diriez-vous cependant que vous êtes encore traumatisé?*

A: Je dirais que oui. Mais si l'on tient compte d'où je viens, il y a eu
beaucoup de changements. Ce qui est surprenant, c'est que ces
changements ne sont pas réels et n'entraînent aucun
« mieux » qui soit réel. Ce qui est merveilleux, c'est qu'être
traumatisé en apparence, c'est aussi « cela-même », tout comme être
apparemment libéré des traumas. Étonnamment, cela n'affecte en
rien la complétude apparente des choses.

Q: *Comment pensez-vous que cela fonctionne?*

A: Eh bien, comme il n'y a plus personne qui ait besoin d'être
protégé, il n'y a personne non plus qui empêche le lâcher-prise de se
produire, pourrait-on dire.

Q: La vie peut s'en trouver totalement transformée, non?

A: Oui, bien sûr. Comme la plupart des gens construisent leur vie autour de leurs besoins et de leurs traumas, la disparition des besoins et des traumas peut transformer le comportement de ce corps apparent. Cela n'a pas vraiment d'importance soit dit en passant, mais c'est ce qu'il se passe semble-t-il. Tout semble s'équilibrer un peu. Pour personne, bien évidemment.

Q: Ah, d'accord. Que vouliez-vous dire par « si l'on tient compte d'où je viens »?

A: Eh bien, quand je suis mort, il restait un corps plus ou moins traumatisé. La mort du « moi » ne veut pas dire que tous les traumas stockés se dissolvent du jour au lendemain. Ce qui meurt, c'est l'illusion d'un centre à l'intérieur, d'un noyau situé dans le corps avec lequel vous êtes identifié et dont le rôle serait de tout tenir ensemble pour ainsi dire. En un sens, c'est un retournement complet de toute l'énergie qui jusque-là était focalisée sur les besoins et la survie ou, en termes simples, tournée vers le besoin constant de garder le contrôle de « votre vie ». Après la mort, l'énergie est en mode de relâchement pour ainsi dire. Au lieu de s'efforcer de tout tenir ensemble, l'énergie est libérée et il y a une sorte de lâcher-prise. Après des mois ou des années, ce lâcher-prise apparent semble pénétrer le corps entier et il se peut qu'il soit libéré des traumas et autres choses de ce genre. Il n'y a cependant aucune règle qui s'applique. C'est simplement ce qu'il se passe en apparence... ou pas. Il n'y a aucune signification à cela, aucune vérité, aucun développement pour le meilleur ou pour le pire. Et par-dessus tout, il n'y a personne qui le fasse ou qui en fasse l'expérience.

Q: Et s'il reste des traumas malgré tout?

A: Alors, c'est ce qu'il se passe apparemment. Écoutez, rien de tout cela n'a vraiment de valeur. Être traumatisé est tout aussi complet en soi que quoi que ce soit d'autre. Vu de la perspective du moi apparent, c'est un miracle total. Vous êtes ce que vous êtes tout simplement, et je suis comme je suis. Tout existe de plein droit, naturellement.

Q: Je n'ai donc pas besoin de me guérir pour ensuite devenir libérée?

A: C'est ce que je dis. Toutes ces idées sur l'autoguérison appartiennent au moi apparent. Pourtant, cela n'a en soi aucune valeur. Ce n'est tout simplement pas la question. Il n'y a personne qui puisse devenir libérée. Ce n'est là qu'une idée de plus. La libération, c'est la mort pure et simple de l'illusion d'être quelqu'un. La mort est ainsi, elle ne demande rien à personne. Elle ne vous demande pas combien d'argent vous avez gagné ou si vous avez payé vos impôts et elle ne vous demande pas non plus combien d'autoguérison vous avez pratiqué. Elle vient tout simplement. Toute l'idée – et l'expérience – d'être quelqu'un qui est sur un chemin n'est qu'un rêve. Il se dissout dans le vide, sans aucun remplacement. Il n'y a ni succès ni échecs. Tout cela fait partie de l'expérience du « moi » qui n'a aucune réalité en elle-même.

Q: Ouah! Toute ma vie j'ai travaillé sur moi-même pour essayer de devenir une personne plus en paix sans m'apercevoir que j'étais dans une lutte tout ce temps.

A: Oh, oui, toute cette lutte pour une personne qui n'existe pas au départ. Vivre votre vie, c'est ce qu'il se passe en apparence, autoguérison ou pas, c'est ce qu'il se passe. La vie se passe apparemment et c'est déjà « cela-même ». La vie est libre comme elle est, libre comme vous êtes et comme je suis.

Q: Ouah, c'est merveilleux!

A: Oui, c'est merveilleux, pour personne.

Idées persistantes

Q: Andreas, j'ai une autre question. C'est au sujet d'une idée que je porte en moi depuis plusieurs années déjà. Il semble que ma vie s'oriente dans une direction où je ne serais sans doute pas capable de suivre cette idée. Je vieillis et les chances de la réaliser sont de plus en plus minces. Que dois-je faire avec cela?

A: Eh bien, je ne sais pas. La chose principale à considérer, c'est qu'il n'y a personne et votre principale crainte c'est que si vous n'agissez pas, vous risquez de manquer une occasion, peut-être même la seule occasion. Pourtant, je ne sais pas, qui pourrait faire quelque chose?

Q: Quand nous avons parlé récemment, j'ai eu le pressentiment de cette liberté dont vous parlez et de son immensité.

A: Oui, « ce qui est » est sans limites.

Q: Cela comprend-il ces idées et peut-être même le sentiment qu'il me manque quelque chose?

A: Oui, bien sûr. Toutefois, je présume que lorsqu'il n'y a personne, cette idée s'évanouira d'elle-même après quelques années. Il est possible qu'après la libération toutes sortes d'idées s'attardent pour ainsi dire dans le système. Habituellement, elles disparaissent éventuellement.

Q: Faut-il qu'il en soit ainsi?

A: Non, bien sûr que non. Personne ne le sait. Cette idée persistante pourrait ne pas vous quitter pendant le reste de votre vie.

Q: Oh, non.

A: À sa manière, ce serait ce qu'il arrive apparemment et ce serait naturellement OK. C'est cela la surprise.

Q: Hum. Parfois, c'est comme s'il y avait deux réalités. Même quand il y a une lutte intérieure, il semble qu'il y ait une paix en-dessous.

A: Il n'y a pas réellement deux réalités. Ce qui est étonnant, c'est que « ce qui est » est naturellement complet en soi. Et le fait « d'être complet en soi » ne transforme pas réellement « ce qu'il arrive en apparence ». Il y a toujours des pensées, des sentiments et certains comportements et c'est très exactement cela qui est qui est déjà complet en soi. Quand je parle de libération ou de liberté, je ne me réfère pas à autre chose qui doive se produire, pas plus que je ne me réfère à un aspect qui viendrait s'ajouter à ce qu'il arrive en apparence. « Ce qui est » est naturellement complet et l'a toujours été. Et s'il demeure des idées persistantes autour de sentiments ou de regrets, c'est ce qu'il arrive en apparence. Et si cela devait perdurer pour le reste de votre vie apparente, ce serait aussi cela. C'est cela la liberté.

Q: Ouah, c'est vraiment immense. Il y a tant d'idées autour de devenir libre.

A: Oui, en effet. Pourtant il n'y a pas de personne qui puisse devenir libre. La liberté, c'est la réalité naturelle, mais pour personne. La libération, c'est l'effondrement de l'illusion qu'il y ait quelqu'un qui ne soit pas libre et, finalement, l'effondrement de toutes les idées et de tous les concepts auxquels se raccrochait la personne apparente.

Q: Cela ne se produit-il pas d'un coup?

A: Pas nécessairement. Vous savez, quand l'énergie personnelle, se fond de nouveau dans « ce qui est », pour ainsi dire, il reste encore un organisme conditionné et souvent névrotique. Une bonne partie de ce conditionnement et des comportements névrotiques qui ont été édifiés autour du besoin de protéger la personne artificielle, est toujours en place et active. Au bout d'un certain temps, ce conditionnement et ces comportements tombent d'eux-mêmes, naturellement, organiquement pour ainsi dire. Ce temps, bien sûr, peut durer des années.

Q: Que peut-on faire pour y arriver?

A: Oh, rien vraiment. Encore une fois, il n'y a personne. Ce n'est pas un processus qui peut être consciemment soutenu. Tous ceux qui vous disent le contraire sont de nouveau dans le jeu d'être quelqu'un qui peut choisir entre ce qui est bon et ce qui est mauvais, ou autres appréciations de ce genre. Habituellement, les gens qui se réfèrent à ce type d'expérience sont les mêmes que ceux qui pensent qu'il leur faut travailler pour progresser sur leur chemin. Mais la libération est sans effort. « Ce qui est », c'est déjà ce que c'est sans aucun effort.

Q: L'effort peut-il se produire?

A: Pas un effort véritable. Il peut sembler qu'il y ait un effort, mais c'est sans effort en réalité.

Réverbération

Q: Andreas, j'ai une question qui se réfère au temps apparent après la libération. Est-il possible après la libération qu'il y ait une réverbération de choses personnelles pendant un certain temps? Comme de vieilles habitudes, un sentiment de culpabilité, de la honte ou certaines pensées?

A: Oui, cela peut arriver. De nombreuses choses peuvent persister pendant un certain temps. Et quand je dis pendant un certain temps, c'est relatif. Certaines choses peuvent même perdurer pendant des mois, voire des années, les traumas par exemple. Vous savez, en général, quand le « moi » meurt, il semble qu'il y ait beaucoup plus de la personne qui demeure qu'elle ne l'aurait elle-même présumé. C'est qu'en réalité qu'une partie importante du fonctionnement de la personne n'a jamais été personnel. Se sentir responsable de pensées, de sentiments, d'actions et de réactions fait partie du rêve de « Je suis » et certains de ces conditionnements peuvent persister apparemment.

Q: Ah, d'accord. Mais alors comment cela se passe-t-il avec ces aspects plus personnels qui perdurent?

A: La libération apparente est la mort de l'illusion qu'il y ait un centre. Ce centre semble nourrir le fonctionnement de l'histoire personnelle en lui donnant de l'attention. Quand l'illusion d'un centre disparaît, il n'y a plus d'attention qui nourrisse les pensées et les sentiments de l'histoire personnelle. Pourtant le cerveau et le système hormonal continuent de fonctionner. C'est pourquoi le tempérament continue d'avoir les mêmes pensées générant aussi les mêmes sentiments. La vitesse à laquelle ce type de conditionnent s'efface dépend de la profondeur de son enracinement dans le système, pourrait-on dire.

Q: Mais cela a-t-il une importance pour quelqu'un?

A: Non, pas du tout. Ce qui est amusant, c'est que plus rien n'a d'importance quand il n'y a personne. Les histoires personnelles apparentes font tout autant partie de « ce qu'il se passe en apparence » que tout le reste. Rien n'est mieux ou moins bien que quoi que ce soit d'autre. De toute façon, qu'il y ait des « histoires personnelles », ce n'est jamais qu'une histoire.

Q: Ouah. Cela semble très naturel.

A: Oui, bien sûr. La mort apparente du « moi » n'est ni contre-nature, ni surhumaine. À sa manière, elle très organique et totalement naturelle, tout comme la mort physique, même quand elle intervient de façon soudaine.

Dissociation

*Q: Pouvez-vous dire quelque chose au sujet de la dissociation?
Certaines personnes pensent que vous souffrez de dissociation.*

A: Oui, c'est vrai, certaines personnes le pensent. Pourtant la libération n'a rien à voir avec la dissociation. La dissociation est une fonction psychologique ou plutôt un dysfonctionnement, qui se rapporte évidemment à un certain type de fonctionnement. Pour ma part, je ne parle pas d'une expérience où il n'y aurait personne et je ne dis pas non plus que l'individu doive prendre du recul pour se renier lui-même. On peut sans doute en venir à cette conclusion en interprétant ce que je dis, mais ce n'est absolument pas ce que je dis.

Q: Je travaille dans une clinique psychiatrique et les patients me disent souvent qu'ils n'ont plus le sentiment d'eux-mêmes, que tout est vide et que rien n'a de sens. Cela ressemble à ce que vous dîtes.

A: Oui, cela y ressemble à certains égards, mais vos patients se réfèrent à une expérience de détachement par rapport au sentiment qu'ils ont d'eux-mêmes. Ils se réfèrent aussi à l'expérience que « rien n'a de sens » et, de toute évidence, il y a une souffrance associée à cet état. Il s'agit donc d'un état apparemment dissocié. On pourrait dire que la libération, en tant qu'histoire, est tout à fait à l'opposé de la dissociation. La libération, c'est la dissolution du « moi » apparemment dissocié dans ce qui est déjà complet en soi. Certes, il n'y a ni sentiment, ni signification et il n'y a personne. Certes, tout est vide – et plein, faut-il le rappeler – mais pour personne. Contrairement à la dissociation, la libération n'est donc pas un état dont on fait l'expérience.

Il y a en fait de nombreuses traditions spirituelles qui enseignent une forme de dissociation. Il y a tout un mouvement qui suggère que vous « deveniez simple témoin » ou que vous « soyez simplement conscience » pour échapper à l'identification et à la souffrance qui semble y être associée. Ces approches font la promotion d'un état dissocié dont elles prétendent qu'il est une étape vers la libération. Ce n'est pas du tout ce dont je parle. Je ne veux promouvoir aucun état car tous les états sont illusoires. Et je ne suggère pas d'adopter une quelconque perspective, car tout positionnement est illusoire aussi. Il n'y a rien dont il faille s'évader et il n'y a aucun sentiment, aucune émotion qui puisse vous menacer. Il n'y a rien qui puisse vous faire du mal, parce qu'il n'y a personne qui puisse pâtir de quoi que ce soit. Rien ne manque, parce que c'est déjà complet en soi. C'est toute la différence, voyez-vous, entre ce message et un enseignement. Dans un enseignement, il y a toujours quelque chose que vous devez faire; il y a toujours une promesse. Suivre un enseignement, c'est tourner en rond dans un rêve. Ce message, quant à lui, ne prétend pas vous offrir quoi que ce soit. Il se peut pourtant, mais ce ne sera jamais qu'un effet secondaire, qu'il devienne évident que rien n'est un problème.

Excursions dans les sciences

A: Pour autant que je le sache, les scientifiques n'ont toujours pas trouvé le « Je » Et je présume qu'ils ne le trouveront pas, tout simplement parce qu'il n'est pas là. Et pour autant que je sache, ils ne parviennent même pas à comprendre l'idée de conscience de soi et à la mettre en relation avec ce qu'ils découvrent. Fondamentalement, ils n'ont aucune idée de ce qu'est la conscience de soi. Ils ne sont pas à très à l'aise avec leurs propres théories sur la conscience du « Je », parce qu'elles leur paraissent insensées à eux aussi. Ils ont une assez bonne idée du fonctionnement de la conscience, mais pas en connexion avec le « Je ». Pour la science, on ne peut donc localiser le « Je » nulle part. C'est presque ce que dit ce message: il n'y a pas de « Je ». Il y a néanmoins des pensées, des sentiments, un fonctionnement, un fonctionnement très humain et personnel, et il y a même conscience – mais pour personne. C'est étonnant, vraiment étonnant!

Q: Mais que font-ils de cela?

A: Évidemment, comme il y a probablement encore chez la plupart des scientifiques l'expérience d'être une personne, c'est quelque chose qu'il ne peuvent pas comprendre en relation avec leur propre expérience. En ce sens, ils font toujours l'expérience de pensées, de sentiments et de la conscience comme étant des choses réelles et personnelles.

Q: Mais ils découvrent aussi qu'il n'y a aucune réalité en soi.

A: C'est vrai, mais ils ne parviennent pas à réunir ces résultats dans une théorie d'ensemble. Et c'est encore et toujours une personne qui découvre ces choses-là. Sans doute est-ce intéressant pour eux de voir ces croyances fondamentales se volatiliser, mais leur personne ne meurt pas pour autant de ces apparentes révélations. Ils font face à ce à quoi le chercheur spirituel fait face également: il semble qu'il y ait beaucoup de révélations, d'informations, de conclusions, d'intuitions, de compréhension et de connaissance mais, à la fin, tout cela est inutile. Rien de tout cela ne met fin à l'expérience de séparation comme telle. Rien de tout cela n'apporte la réponse unique ou la conclusion finale. Rien de tout cela ne peut conduire à la libération parce que tout cela se passe dans la configuration de l'expérience. Toute cette compréhension vient du point de vue de l'observateur et cela se passe toujours pour quelqu'un. Aucune conclusion et aucune expérience intérieure ne touchent celui qui en fait l'expérience. Jamais il n'est touché. La découverte qu'il n'y a pas de « Je » ne tue pas le « Je », ni pour le chercheur spirituel qui pratique « Qui suis-je? », ni pour le scientifique qui observe l'absence du « Je » sur son IRM.

Q: Hum. Qu'est-ce que la libération alors?

A: La libération, en ce sens, c'est un renoncement ou une mort plutôt qu'un état de réalisation spirituelle.

Q: Un renoncement?

A: Oui, un renoncement et un lâcher-prise. Mais ce dont je parle n'est pas quelque chose que vous puissiez faire. Penser que vous devriez renoncer ou vous abandonner consciemment, ce serait encore faire preuve d'arrogance. La libération ne dépend pas de la personne que vous croyez être. Il faudrait plutôt dire que c'est l'un indivisible qui « vous » abandonne, ce qui signifie finalement qu'il vous vous tue. Et en « vous » tuant, il devient évident qu'il n'y avait personne qui devait mourir au départ. Il devient évident qu'il n'y a personne qui soit captif de la séparation et personne qui doive être libéré. La séparation ne s'est jamais produite et en ce sens, il n'y a jamais eu ni connaissance, ni renoncement.

Q: Qu'est-ce qui devient évident?

A: Qu'il n'y a pas de « moi ». La libération toutefois, n'est pas cette évidence. Cette évidence n'est pas réelle et elle ne signifie rien. La libération, c'est la fin de l'expérience d'être une entité séparée. C'est énergétique et, vu par le « moi », cela paraît très réel. La libération, c'est la mort et non pas une évidence au sujet d'un fait. Il n'y a pas de réelle évidence, et il n'y a rien à voir.

Q: Il n'y a rien à voir?

A: Non, bien sûr que non. L'un indivisible n'est pas une circonstance qui puisse être vue. Encore une fois, vous regardez depuis une perspective séparée. Pourtant, il n'y a rien de tel. Jamais il n'y aura d'illumination au sens où ce serait une autre expérience. Dieu ne peut être vu, simplement parce qu'il n'y a ni Dieu, ni quelque

128

circonstance que l'on puisse appeler « Dieu ». Tout ce qu'il y a, c'est « ceci ». Ceci signifie « ce qu'il se passe en apparence » ou plutôt ce qui n'est pas quelque chose apparaissant comme « ce qu'il se passe ».

Q: Oui, oui, je sais. Je sais que c'est tout ce qu'il y a.

A: Non, vous ne savez pas. Comment pouvez-vous connaître ce qui est inconnaissable?

Q: Je ne sais pas.

A: Moi non plus.

Les critiques

Q: Andreas, on considère souvent que vous faites partie de la scène néo-advaita qui offre une version édulcorée des enseignements anciens et traditionnels. Vous êtes accusé de présenter une version light de l'illumination et même d'offrir l'illumination instantanée. Qu'en pensez-vous?

A: Pas grand-chose en fait. Mais si vous y regardez de plus près, vous verrez que ces gens, pour la plupart, n'ont pas vraiment entendu ce que je dis et ne se sont pas vraiment intéressés à ce qui est communiqué ici. J'ai entendu dire aussi que je soutiens que « tout le monde est illuminé » ou encore « qu'il ne faille rien faire pour devenir illuminé ». Ce n'est pourtant pas ce que je dis. Ce qui est dit ici, c'est qu'il n'y a personne qui soit séparé et donc personne qui puisse être illuminé ou ne pas être illuminé. Dans cette perspective, il n'y a évidemment personne qui doive faire quoi que ce soit pour le devenir. Pourtant, des efforts peuvent apparemment se produire, ou pas.

Q: Ils disent aussi que vous rendez les choses trop faciles et que les gens aiment ce qui est accessible.

A: Je ne dis pas que ce soit facile. Pour le chercheur, ce n'est pas facile du tout. Du point de vue du chercheur, c'est même impossible! Jamais, le chercheur ne comprendra et jamais, il ne sera libre. Ce message est lourd à porter pour le chercheur. L'aisance du message vient du fait que ce dont nous parlons est déjà accompli. « Ce qui est » est naturellement complet en étant simplement soi-même. « Ce qui est » est absolument à l'aise en étant simplement ce que c'est. Il n'y a d'effort nulle part dans « ce qui est ».

Q: Mais le chercheur pense qu'il doit faire un effort.

A: Oui, exactement. Le chercheur se nourrit de l'effort car l'effort, c'est sa vie. Le chercheur laisse de côté la simplicité de « ce qui est » et vit dans l'illusion qu'il doit y parvenir. Il passe à côté de la simplicité du message et le transforme en quelque chose de très difficile et de très compliqué. Ce qui est intéressant, c'est que ce même message était déjà présent dans les temps prétendument anciens.

Q: Vraiment?

A: Oui, on le trouve ici et là. Il est plus rare de le rencontrer que tous ces messages de nature spirituelle, mais il est bien présent. Et ce à quoi se réfèrent ces critiques, c'est généralement une interprétation personnelle de ce message simple et pur. Il en est ainsi de toutes les religions. Le message originel dégénère en notes de bas de page pour suffoquer dans les rituels, les pratiques et les traditions personnelles. Pour le chercheur, le chemin est beaucoup plus important que la destination parce qu'être sur le chemin reflète son expérience. Le chercheur rejette ce message pour la simple raison qu'il nie son existence et son besoin de suivre une pratique.

Q: Une autre critique que l'on vous fait, c'est que vous ne rencontrez pas les gens là où ils sont. Ce message est-il pour tout le monde. N'est-il pas même dangereux?

A: Eh bien théoriquement, ce message est pour tout le monde. Il n'exige aucun prérequis particulier. Vous n'avez pas besoin de connaissances particulières pour le recevoir. Pourtant, en pratique, ce message n'est destiné qu'à ceux qui s'y intéressent et, si j'en crois mon expérience, il n'y a que peu de gens qui soient dans ce cas. Si vous comparez le nombre de personnes qui s'y intéressent avec le nombre de personne qui sont attirées par les offres spirituelles, vous constaterez qu'elles sont peu nombreuses. Il peut arriver que des personnes tournent autour pendant quelques temps, mais celles qui ne sont pas vraiment prêtes perdent très vite leur intérêt. Et ce n'est pas un jugement négatif par rapport à d'autres personnes qui seraient sur le chemin. Ces personnes ne trouvent tout simplement pas ce qu'elles cherchent. Je ne reconnais pas leurs besoins apparents et je ne leur donne pas non plus l'attention à laquelle elles aspirent. Elles n'ont pas d'expériences spirituelles exaltantes et ne trouvent donc pas le divertissement qu'elles recherchent. C'est pourquoi elles s'en vont au bout d'un moment.

Q: Et qu'en est-il de la dangerosité du message?

A: Eh bien, là non plus, je ne vois pas de véritable danger. Il est vrai que ce message peut avoir un énorme impact sur la vie apparente des gens. Et il y a aussi de nombreux malentendus autour de ce message. Toutefois, sur le long terme, je n'ai vu personne qui soit devenu plus déséquilibré après l'avoir entendu qu'il ne l'était avant. Il n'y a personne non plus qui ait cambriolé une banque parce qu'il avait mal interprété le message: « Puisque plus rien n'a d'importance, tout est permis! » Tout le propos sur la « destruction » qui pourrait potentiellement sembler dangereux, se réfère en fait à une illusion. Ce vers quoi pointe le message, c'est ce qui est déjà complet en soi. Si on le rapporte à une histoire, on pourrait donc dire que le message pointe vers une guérison déjà accomplie, ce qui est plutôt positif. De toute façon, le message est complètement neutre pour ainsi dire.

Q: Il y a des gens qui disent que vous ne pouvez pas communiquer cela à des gens qui ne sont pas prêts à l'entendre.

A: En un sens, c'est ce que je dis. Mon sentiment, c'est que ces personnes-là ne sont tout simplement pas attirées par ce message. Il pourrait y avoir des exceptions, pourtant je ne vois pas que cela se produise.

Q: Il y a aussi des gens qui vous accuse d'offrir une voie de contournement spirituel, une voie d'accès rapide.

A: Oui, je sais et je comprends leur impression. Je comprends qu'ils puissent l'interpréter comme cela. De mon côté cependant, j'ai le sentiment qu'ils n'ont jamais vraiment écouté ce qui est dit. Le plus souvent, cela vient de leur tentative d'utiliser le message comme voie d'accès rapide et de leur expérience que cela ne fonctionne pas.

Q: Ne dîtes-vous pas qu'il n'y a rien à chercher?

A: Oui, bien sûr, c'est ce que je dis. Mais ce n'est pas à la personne que je m'adresse. Je n'essaye pas de convaincre la personne pour lui offrir l'opportunité d'une meilleure expérience. C'est vrai, il n'y a rien à chercher, mais il n'y a rien à trouver non plus. Même les personnes les plus vénérées comme Ramana Maharshi ou comme Jésus pointent vers cette absolue simplicité. Je n'ai aucune idée pourquoi, le plus souvent, cela n'est pas entendu. Quoique, moi aussi, j'ai longtemps évité de l'entendre (rires).

La plupart des critiques qui viennent à mes oreilles se rapportent à ce que les gens croient que je dis plutôt qu'à ce que je dis réellement. Et le plus souvent je peux repérer et « corriger » ces erreurs d'interprétation instantanément. En un sens, ce message est beaucoup plus proche des textes sacrés que ne le pensent beaucoup de mes critiques. Et pourtant, il ne vient pas d'une connaissance acquise.

Vous savez, il y a beaucoup de double standard dans le monde de la « spiritualité »: Si Ramana n'a pas lu les écritures, ou plutôt s'il ne les a lues que des années après son éveil apparent, aucun problème. Mais si Andreas Müller, qui vient d'Allemagne, fait la même chose, ce doit être un imposteur puisqu'il qu'il n'a pas lu les écritures. Non que je veuille me comparer à Ramana Maharshi. Je ne l'ai jamais rencontré et jamais je n'oserais dire quoi que ce soit en son nom. Il y a tant de gens qui se réclame de sa lignée qui ne l'ont jamais rencontré et n'ont donc jamais pu lui demander son accord pour parler en son nom. Tout cela n'est qu'ignorance, voilà ce que j'en pense.

Q: Vous ne vous voyez pas dans la filiation de Ramana?

A: Bien sûr que non. Comme je l'ai dit, je ne l'ai jamais rencontré et je ne suis même pas certain de ce qu'il disait. Bien sûr, il y a tous ces livres et il semble bien qu'il y ait des corrélations, mais qui peut savoir bordel! Qui, de ces gourous auto-proclamés l'a jamais rencontré? Et d'ailleurs, ce qu'ils disent et les enseignements qu'ils prétendent « transmettre », c'est ce qu'il y a de plus superficiel dans les paroles de Ramana. Ils les transforment en jeux psychologiques et spirituels. S'il est vraiment celui que l'on prétend, vous savez que ce n'est probablement pas ce qu'il a dit.

Q: Qui est-il pour vous?

A: Comme je l'ai dit, je ne sais pas grand-chose à son sujet et cela ne me préoccupe guère. Non que j'aie une idée particulière à son sujet, il n'est tout simplement plus dans les parages et il ne peut dès lors jouer un rôle important dans ma vie. Je ne prétends rien. Je dis simplement ce que je dis, ou plutôt, ce sont les paroles qui sortent de ma bouche, et c'est de cela seul que nous pouvons ensuite discuter.

Q: Et qu'en est-il de Tony Parsons?

A: Eh bien, dans mon histoire, c'est lui qui m'a dit qu'il n'y avait personne. Pourquoi l'ai-je entendu? Je ne saurais le dire. Il le dit à tant de monde (rires).

Q: Voyez-vous-en lui l'origine d'une sorte de lignée?

A: Non, pas vraiment. On pourrait le penser, mais parler d'une lignée serait fondamentalement en contradiction avec le message. De son côté, Tony n'a aucune prétention d'être un gourou. Il n'y chez lui aucune expérience d'avoir saisi ou atteint quoi que ce soit, ni d'avoir transmis quoi que ce soit de mon côté. Bien que dans mon histoire ce soit Tony qui m'ait parlé, tout cela est totalement impersonnel en réalité. Pourquoi ma personne a-t-elle commencé à se dissoudre à son contact alors que pour tant d'autres cela ne s'est apparemment pas produit, je ne saurais vous le dire. Et voyez-vous, à en parler ainsi, il semble que quelque chose me soit arrivé. Encore une fois, nous loupons le coche. En y regardant de plus près, Tony n'a rien eu à voir avec ce qu'il s'est passé, et cela n'a rien à voir avec moi non plus.

Q: Votre message suit-il une tradition alors?

A: Non, pas du tout. Il vient d'une source totalement directe. Il semble que l'on puisse trouver ce message, encore et encore, dans l'histoire de l'humanité, mais jamais ces expressions ne s'inscrivent dans une tradition. La personne apparente voudrait les faire entrer dans une tradition, avec une voie à suivre, une connaissance particulière à transmettre et une pratique. Et pourtant ce que disent tous ces messages, c'est qu'il n'y a pas de « Je » et qu'il n'y a rien à saisir. Ce message ne peut être intégré dans un système de croyances ou dans une voie spirituelle, pas plus qu'il ne peut être soumis à une quelconque hiérarchie. La parole est directe et ce qu'elle communique est à soi-même sa propre autorité. Aussi pourrait-on dire « C'est à prendre ou à laisser! ». Non parce qu'il a la prétention d'avoir raison, mais parce que fondamentalement, il n'y a rien dans ce message dont on puisse discuter.

C'est toute la différence entre cette communication directe et un enseignement. Dans un enseignement, l'accent est mis sur le chemin à parcourir et sur ce que vous devez faire pour progresser sur le chemin; beaucoup moins sur l'arrivée à destination. Par contraste, les personnes qui communiquent ce message direct disent toutes la même chose: Il n'y a pas de « Je », il n'y a pas de pratique qui soit mauvaise en soi et il n'y a rien que l'on puisse atteindre ou comprendre. Le moi apparent ne veut rien entendre de cela, c'est pourquoi il rejette ce message avec énergie.

S'il y a quelques décennies ou quelques siècles, un type en Inde disait quelque chose de semblable, il est facile aujourd'hui de le mettre sur un piédestal et d'affirmer qu'il parlait de religion. Et pourtant ces personnes parlaient toutes de quelque chose de naturel et de très ordinaire. Cette réalité naturelle à laquelle il ne manque rien n'est rien d'autre que ce qu'il se passe en apparence. Elle est complète en soi et il n'y a en réalité rien d'autre. C'est tout simple et très évident.

Q: Mais je ne peux pas le voir.

A: Vous ne pouvez pas le voir, parce qu'il n'y a rien à voir, tout simplement. Il semble que Ramana ait dit: « Abandonnez la recherche. » Eh bien, la libération, c'est très exactement cela. C'est la fin de la recherche sans rien trouver. Et pourtant, ce qui demeure est naturellement complet. Ce qu'il reste, c'est très exactement « ceci », sans la recherche de quelque chose d'autre. Il n'y a rien à voir et rien à trouver, aucune vision surajoutée n'est nécessaire. Voilà, c'est tout, il n'y a rien d'autre! La libération, c'est tout simplement la fin du chercheur.

Q: Hum. Mais comment le chercheur peut-il mettre fin à lui-même?

A: Le chercheur ne peut mettre fin à lui-même, parce qu'il n'y a même pas de chercheur. Le chercheur n'existe pas!

Q: Comment rendre cela évident?

A: Vous ne pouvez pas. Je ne peux pas. Personne ne peut. Tout le monde est complètement impuissant face à cela. Il n'y a ni porte d'entrée, ni porte de sortie. Il n'y a pas de chemin, parce que tout est déjà la destination.

Remerciements

Dorothea Gruß

Bob Trocmé

Levin Sottru

Tony & Claire Parsons

My family

Au sujet d'Andreas

Andreas est né en 1979 à Ludwigsburg en Allemagne du Sud. Après avoir pris des drogues dans sa jeunesse et avoir entrepris une quête spirituelle, il a rencontré
Tony Parsons en 2009.

« D'abord, j'ai été choqué. Bien que j'avais déjà accumulé beaucoup de connaissances et eu beaucoup d'expériences, c'était quelque chose de complètement nouveau.
Soudain, pour aucune raison, j'ai entendu ce que Tony disait, et bientôt ce fut indéniable: Il n'y a personne. »

Depuis 2011, Andreas participe à des rencontres
et tient des séminaires de par le monde.

www.thetimelesswonder.com

Aussi publié en français:

Liberté insaisissable
ISBN : 978-3744834087